物(もの)の哀(あわ)れ

時尚與多向度身體

浮世物哀

方太初 著

時尚的問題不是存在（being）的問題，而在於它同時是存在與非存在（non-being）；它總是處於過去與將來的分水嶺上，結果，至少在它最高潮的時候，相比於其他的現象，它帶給我們更強烈的現在感。

——齊美爾，《時尚的哲學》

目次
Contents

輯四　形象的叛逆

輯五　衣亦有感

輯六　女子有穿　女子有寫

輯七　用針腳寫詩

序　活於浮世，乃有物哀

葉輝

一

話說二〇一二年底，我忽爾覺得閒得發悶，於是再到媒體上班；有一份報章容許方太初撰寫時尚與文化的專欄，名為《浮世物哀》，她所寫的正是衣飾與文化的「越界之思」——從衣飾到日常之「物」，從文化、抗爭、電影、音樂、繪畫到詩，我每回簽核大版，都會驚覺她的文字每有一些稍縱即逝的日常微光，如今成書了，重讀之時猶約略有點雖在堪驚。

《浮世物哀》每每在有意無意之間開顯不同地域的文化交錯，當中有衣飾的「根」（roots），遍佈文化交流的「徑」（routes），而兩者交互辯證的，如今想來，豈不就是文化想像的「越界之思」嗎？

「根」，說來大概恰如德勒茲（Gilles Deleuze）與瓜塔里（Félix Guattari）所論的「地下莖」（Rhizome），在大地之下，廣伸著無定向的「徑」，交匯而成永不止息的城市文化游擊戰——也許不必深究「徑」（或「莖」）是甚麼，讀者諒可想像，《浮世物哀》所書寫的正是開放而縱橫散瀉的地下空間，所指涉的文化系譜亦非「純種」，倒是混雜著廣義的文化變體——有所啟蒙，交融、啟發，由是蔓莖處處延伸，無有終極。

時尚萬變，然則始終不離其宗，信是人與衣、與物無數瞬間的凝視（gaze），時而緩慢，有若「會登凌絕頂」而「一覽眾山小」；時而急驟，有若「亂石穿空，驚濤拍岸」而驟然「捲起千堆雪」；時尚之為「物」，總是與時俱變，或如方太初所說的「衣之皺褶與迷宮之城」：一切衣飾之「皺褶非平滑，所以不是一，而是眾多細細的褶痕，細細的漩渦，收納著陰影，也收納著你所不知道的奧秘」；是以世間萬物，皆為皺褶，「如蝴蝶折疊成毛蟲，毛蟲伸展為蝴蝶。種子舒展其褶則長出了樹，我們的大腦打褶，所以收藏回憶與思想」。

我其實不大懂得時尚，心想，那該是衣飾的想像吧，因而想起，法國理論家所鍾愛的布朗修（Maurice Blanchot）剛好有此說法：「想像就是轉譯內在源源不絕的低吟聲，讓創意聽到它的回音。」時尚美學的散播亦作如是觀，於文化與想像的交匯之處，每有想像力的傳輸轉譯，隱隱然構建了本雅明（Walter Benjamin）所論說的「辯證影像」（dialectical image），展現出多重交錯的意義：「過去與現在恰如閃電般交匯而成星陣」，「辯證影像」也者，則是「由疏離之物與正在到來但也正在消失的意義所組成的星陣」，在所有意義失去界限的瞬間，總是對觀看者的想像力多所考驗。

時尚乃是不同風格、物料與文化的拼貼組合，所有影像俱可在一瞬間掙脫歷史之羈絆與限制，故此亦必然為緊貼時代的產物，從而探究如何掙脫城市消費的羈絆與限制，重新構建身體與慾望的想像力；方太初每從微物說起，比如有感於在電影《胭脂扣》片尾，「如花對縮在角落、早已老去頹敗的十二少說：『這個胭脂盒我掛了五十三年，現在還給你，我不再等了』」，盒中有一個小吊墜，揭開，內有小鏡，「還有如璀璨年華般的胭脂」，當中所收藏的，「是浮光掠影裡的舊時夢，也是繁複龐大、體系複雜的歷史裡，承載個人小史的遺物……」

《浮世物哀》老是嘗試穿越不同的邊界而恍然有悟（或乾脆執迷不悟），比如從藤田嗣治的故事，說到上世紀二、三十年代「巴黎畫派」（Ecole de Paris），再說到貓與狐的心象；又比如從波德萊爾（Charles Baudelaire）說到本雅明，從時裝設計師亞歷山大・麥昆，說到瑞士畫家保羅克利（Paul Klee），繼而再說到鏡子的隱喻：「麥昆擅於把兩種相反的特質揉合在一起，這樣在一體中互有矛盾的最佳例子就是鏡子」；波德萊爾將玻璃匠叫上樓，質問他為何「沒有讓人把人生看成是美好的那種玻璃」？

二

時尚萬變，或如張小虹所言，總是關乎穿衣者的「幸福與沉淪，相識與離散，因輾轉，或繾綣，衣服堆裡日月長」；佛洛依德（Sigmund Freud）嘗言「凡是女人皆為戀衣狂」，如此說來，一切的「壓抑」（repression）、「否認」（disavowal）乃至「無視」（scotomization），都無法擺脫迷戀之物；是以張小虹有此說法：「衣性戀者的精神分裂，也分裂在深情與嘲諷的距離擺盪。理論與耽溺、批判與濫情，往往是一體之兩面、矯枉而過正」，因此時尚大師所言說的大都會，大概都有越界的意思吧，他們「談跳蚤市場舊衣慈善店，談復古懷舊千禧未來風，都是這些年來流目顧盼的深情所託，想從衣飾窺看大千世界……」

「時尚」之「時」，許是希臘文化所說的「史」，就像本雅明所言：「時尚確定了商品希望被人崇拜的方式……同時擴大了它對日用品的左右能力，就像把時尚的統治延伸到宇宙一樣」，超乎日常需求（need）而源於欲望（desire）；或一如蘇珊・巴克—莫斯（Susan Buck-Morss）所言：「時尚規定了儀式，通過它使商品被崇拜……時尚以活潑的儀式慶祝新奇，而不是循環，在當中人們不需要記憶……時尚是藥劑，在公眾的範圍內彌補了遺忘過去的巨大影響。」

蘇珊・巴克—莫斯也提及本雅明的觀點：「時尚不僅是現代時間的尺度，它展示了主體和客體之間的聯繫，這是由商品生產方式的改變而帶來的新法則，在時尚中商品的幻覺效應和外表緊密聯繫。」是的，本雅明嘗言，過去的時代存在著很多不曾兌現而等待相認的期盼，故此時裝遺留了諸多秘密標示，乃有好一些堪可解破歷史的線索，乃有將之解開以尋找烏托邦的可能。

三

時尚萬變而千面，猶如博爾赫斯（Jorge Luis Borges）在《小徑分岔的花園》（The Garden of Forking Paths）所言，時間乃是一座迷宮，「因你每做一個決定，時間就分岔開去，你前方的命運也就不同了，如像迷宮般有了各種可能」；由是方太初寫道：「那麼城市呢？此城如此小，但無論人心、街道皆如迷宮，兜兜轉轉，那就不妨想，我們不是坐困愁城，而是開放了無數可能性，那些皺褶一直延展，讓我們思索，讓我們兜轉，讓我們成了那隻手，在人生之衣上捏起皺褶」。

博爾赫斯所述說的迷宮許是彌賽亞（Messiah）一樣的歷史——某些時刻的某些事情必須被救贖，被圓滿或不圓滿地完成，或被審判，或如走入或走出不同的迷宮，皆因彌賽亞歷史一如迷宮，所有歷史時刻俱可能有不同的彌賽亞降臨或已然降臨，如同人生之衣延展著各種皺褶。

此所以方太初也有此說法：「時尚總是承諾著未來的鏡像（你穿上時裝就會變成怎樣、你穿故你在），西西里乃「叛逆南方小島」：「當地或許曾遭受多種入侵、多種拉扯，但無妨當中世代而活的人，至今依然保有自己的身份與個性，也許這就是這個叛逆的南方小島最為可貴的精神」，再讀下去，也許就可以解破時尚如何顛覆王室形象，如何諧謔宗教權力吧。

在《浮世物哀》，時尚不僅僅是「衣道」，更是「物道」，當中老是牽纏著藝境的想像：諸如電影、音樂、舞蹈、繪畫、抗爭與詩；在方太初看來，萬物總是與人相近，猶如衣之別針或鈕扣，互為穿透或通融，比如她曾引述波蘭詩人賀伯特（Zbigniew Herbert）一首叫〈鈕扣〉的詩：「只有鈕扣從不屈服／目擊罪行而克服死亡」，是故鈕扣從不屈服，一切抗爭亦從不屈服。

方太初筆下的舊衣暗藏「垢之明暗」，故亦旁及日本的幽玄美學、陰翳禮讚，乃至攝影師奧諾黛拉（Yuki Onodera）《舊衣畫像》（Portrait of Second-hand

Clothes）的光影體驗，那就恰若蘇軾所言的「萬人如海一身藏」，當中說到波蘭青年攝影師維爾尼克（Natalia Wiernik）的系列作品，說到「就是關乎人如何淹沒於大背景之間」，最終則說到「舊衣堆成一座山，用一架紅色的吊臂車，將舊衣吊起又拋下，當舊衣落在山堆上，它就只是當中無名的一件，如千千萬萬其他舊衣一樣。但當它在空中舒開之時，它的獨特性、它曾經的故事，才忽爾展開」。

她有時從一張空椅子說到「物道」，比如援引梁秉鈞的〈靜物〉：「本來有人坐在椅上／本來有人坐在桌旁／本來有人給一盆花澆水／本來有人從書本中抬起頭來」，然後，「人去樓空，椅子、桌子、花盆、書本全都靜默」，〈靜物〉於是追問悖理的世界：「現在他們到哪兒去了？」

在〈瘋癲與時尚〉一文，方太初寫得特別有意思：「瘋癲是一個統一的詞語，在這詞語下大多人的面孔都被歸類為一種（一如在「正常」這標籤下，我們都失去自己的臉孔）……」許是她早已意識到時尚乃齊美爾所論的「精神生活」，當中亦不免滲透了城市的憂鬱與焦慮，因而每每浮現出意想以外的震驚，或失神。

四

這就明白了，難怪《浮世物哀》這本書的啟首，援引了齊美爾在《時尚的哲學》的一段話為引子，當中或可透析時尚與「精神生活」的某些洞見：「時尚的問題不是存在的問題，而在於它同時是存在與非存在；它總是處於過去與將來的分水嶺上，結果，至少在它最高潮的時候，相比於其他的現象，它帶給我們更強烈的現在感。」

齊美爾在《大都會與精神生活》（The Metropolis and Mental Life）說得好，大都會街道縱橫，高速而多面向，將大都會與鄉鎮的精神生活區分：「為了適應變化以及各種現象的比照，理智並不需要任何衝擊和內部劇變，它只是利用這些劇變使得更保守的心理狀態可以適應都市生活的節奏」，城市人的生活正是無數變種的綜合體，因而「發展出一種器官來保護自己不受危險的潮流」，乃至棲居其間之人免於被毀滅性的外部環境所威脅，倖存者也許就只能以「頭腦代替心靈來做出反應」。

方太初書寫時尚與文化，以另類觀點論說呂碧城、蕭紅、張愛玲等民國女子，也旁及她們的「衣道」與「物道」，乃至「精神生活」，她也許不會忘記，張愛玲在〈更衣記〉曾這樣說：「古中國的時裝設計家似乎並不知道，一個女人到底不是大觀園，大多的堆砌使興趣不能集中，我們的時裝的歷史，一言以蔽之，就是這些點綴品的逐漸減去。」

民國女子的時代早就遠去了，幸或不幸，方太初存活於現今的「浮世」，認識「物道」，於是乃有「物哀」（Mono no aware）——「物哀」也者，那就是對「物」（mono）有所感而有所哀（aware），從而對「侘寂」（Wabi Sabi）之真相，多所體會而多所闡發：殘缺、無常、不圓滿，乃有此說法：「由是將『物哀』與侘寂美學放在時裝上，穿衣者是主體，衣與物是客體。穿衣者以衣飾體現生死哀戚，如同物哀」。

方太初又說到電影《東尼瀧谷》，「與日和民族的『短暫美』一脈相承」，時間流逝，無有盡期，「體現在時裝上，是另一種物哀觀」；她嘗試穿越穿衣者的「衣道」與「物道」，穿越一切的生死哀戚，一言以蔽之，那就是她與浮世萬象無數瞬間的「凝視」——時時刻刻與人、與物、與詩、與藝境多所「凝視」，互有所感而互有所悟，乃有《浮世物哀》這本書。

1

此身雖在堪驚

關於反抗的時裝還有很多，比如說亞歷山大．麥昆一九九五年秋冬系列「高原強暴」（Highland Rape），很多人初時以為那是對女性的羞辱，其實設計師亞歷山大．麥昆指向的是英國多次侵略蘇格蘭的歷史。麥昆的祖父正是蘇格蘭人，此一系列也是麥昆對自身家族歷史的一種梳理。在衝突爆發的大時代，個人小史，早已與大歷史交織互融，不分彼此。

森女
歲月靜好

森女、森林系是近六七年興起的用語，源自東瀛島國，但其實每一個人身邊都有一個森女。不如由上年上映的兩套電影說起，《小時代》與《致我們終將逝去的青春》。先不評論它們好看與否，但恰好兩個時代，四名女子，總有一名是森女，在《小時代》裡是郭碧婷飾演的南湘，在《致青春》裡是江疏影飾演的阮莞，兩人登場時都是長髮飄飄，素色長裙，外搭長外套。這兩個女子是否真的演繹到森女的精粹，見仁見智，有趣的是兩套電影的片名，竟剛好解釋了何謂森女美學。

森女之期限

上世紀二十年代是大時代，稱為「咆哮的二十年代」（Roaring Twenties），在時尚上而言，是「女男孩」（La Garçonne）時期，各式女裝改革傾巢而出，可可・香奈兒等設計師從女子的需要出發設計女裝，變短的裙裝、女式褲裝都成為一時潮流。「搖晃的六十年代」（Swinging Sixties）也是大時代，而且是二十年代的翻版，思潮碰撞，那是年青人求變、求和平的世界。瑪莉官最先將塑膠白色雛菊用在她的設計中，而年青人自稱「花童」（Flower People），穿嬉皮士風格的衣服，推行「權力歸花兒運動」（Flower Power Movement），用愛改變世界，在一張六十年代的新聞圖片中，穿高領毛衣的青年將雛菊放進士兵的步槍槍管中，那是伯尼・波士頓（Bernie Boston）於一九六七年十月廿一日攝下青年以雛菊回應戰爭，名字就叫作《權力歸花兒》。

大時代總是有關如何以一己之力或眾人之力改變世界，有說時尚的大改革都在上世紀百年間完成了，思潮的革命又何嘗不是？與上世紀不一樣，這一代自稱小時代。小時代是一種無力感，表面看似隨遇而安，但又有既不能改變時代，不如安於自己的感嘆。

森林系其中一個關鍵詞一定是青春，但青春是甚麼？那是終究會消逝的物事。「終將逝去」是將來完成式，那是未到來的時間，而你又確實知道它終究會到達。逝去與未逝去之間，將明未明之光景，就是森女之期限，那也是森林系的錯覺：恍若一切永遠不會改變，青春與棉麻、zakka雜貨永遠同在。

「小確幸」時代的來臨

要了解森林系或森女，或許可以側面地從近年興起的日本用語中尋求答案。比如說「小確幸」。一如森女，「小確幸」是一種精緻無重的詞語，是生活中輕靈的快樂，過份強調之下，卻又變得有點兒空洞。女作家胡晴舫寫文章論〈壞掉的小確幸〉，她說「因為覺得自己壞掉了，不能參與所謂的社會，自然而然對時代冷感，無法也不想關注自身以外的人事，只能追求確切握在手中的幸福微光。而這些幸福微光如此稍縱即逝，更提醒生命的無常以及積極經營甚麼大目標的無用。」

這段話放在森林系中也非常適合，森林系在意生活中的微小時光，隨身帶著相機，拍下流逝的一切，雖然反物質主義，穿自然舒適、返璞歸真棉麻質衣裙，但卻沒有像六十年代的年青人般投身社會運動以改變現狀。

甜美化了的侘寂美學

日本人著重生活態度，衍生出各種美學與主義，森林系一詞，不只是穿衣風格，更是生活美學。有如日本的侘寂（Wabi-sabi）美學，那是由茶道、花藝、書法、歌藝到生活的一種哲學。有趣的是森林系這種從網絡發端的亞文化，在某些層面上重疊了日本的傳統美學，或許可以說，森林系其實是一種甜美化了的侘寂美學。

森林系與侘寂皆是以自然為基礎的美學觀念，分享著很多相同的特質：不矯飾、原始鄉土氣息、簡樸、私密、留意日常生活細節中的微光等等。雖然二者都有將大自然浪漫化的傾向，但不同的是，侘寂美學是一種矛盾美學，它既關乎生、也關乎滅。

或許應該說是生與滅促成了宇宙之生成，由是侘寂總是有關於初發和凋零之瞬間，這二者都是短暫的，侘寂有陰鬱的一面，那是事物朦朧、模糊和衰弱的特質；但侘寂也有光明的一面，那是新生的柔和淡色，比如未被漂白過的棉花、棉麻布料的粗糙質感。這後者的光明與森林系幾乎重疊了。

森林系指向的生活美學大概就是侘寂光明的一面。森女也有一定的敏感與脆弱，但那是初遇世界的懵懂，而非衰敗之象。侘寂研究者李歐納•科仁寫有《Wabi-Sabi：給設計者、生活家的日式美學基礎》，他說侘寂的其中一種價值是「所有事物都是非永存的」，但森林系某程度上指向永遠初始的青春，就如六十年代的嬉皮士，他們手持的是雛菊，而不是艷俗、開到荼蘼的玫瑰。而世上一切都會磨損消耗這一定理，在森林系這兒，似乎就被抹平了。恍若可以永遠世上無事，歲月靜好。

稍縱即逝的日常微光

森女端靠衣裝，但氣質也是精粹，不能有妖艷之感，若以民國女子來說，林徽因是森女，張愛玲不是，後者有太多生之哀怨了。對，在森林系裡，縱然我們不能抹走生之哀怨，至少我們可以假裝哀與怨並不存在。

提到森女，不免想到蒼井優，最初認識她是在岩井俊二的《花與愛麗絲》，這套電影的拍攝時間是二〇〇三年，那時還未有森林系這個名詞。據悉，森女之說是來自一個網名叫Choco的女孩，二〇〇六年，她在網站mixi說她的朋友形容她

《權力歸花兒》，伯尼・波士頓於一九六七年拍下青年以雛菊回應戰爭。

「穿著如同在森林中」，不及兩年，該群組已有超過三點五萬成員，森女、森林系也成為流行用語。

雖然拍攝《花與愛麗絲》時未有森女這說法，但蒼井優在影片最後跳芭蕾舞的一段卻恰好可為森林系下一個注腳。電影裡蒼井優去試鏡，被要求跳芭蕾舞，沒有準備的她，隨手拿了紙筒和膠帶做成了臨時的跳舞鞋。她輕盈起舞，不在意別人對她的發問，在時明亮時晦暗的工作室中一直轉圈。

沒有棉麻長裙、沒有長圍巾，但在跳躍之間，蒼井優讓四周的人窺見了青春脆弱而永恒的一瞬。而那麼一瞬，就是森林系女孩追尋的時光，那種初遇世界的溫潤圓融、稍縱即逝的靜好時光。

珠寶粉盒
浮光掠影舊時夢

總記得《胭脂扣》片尾，如花對縮在角落、早已老去頹敗的十二少說：「這個胭脂盒我掛了五十三年，現在還給你，我不再等了。」那是一個小吊墜，揭開有小鏡，還有如璀璨年華般的胭脂。其時的香港，正是大時代來臨之前黯淡無光的時期（那不言自明懸掛於每人頭上的五十年限期），一盒細小胭脂，是浮光掠影裡的舊時夢，也是繁複龐大、體系複雜的歷史裡，承載個人小史的遺物。

小史遺物　女子殘夢

珠寶粉盒，不是往梳妝枱上一擱就遺忘了的物事，它是某個世代裡，某些女子的殘夢，後來那些女子終究都一一老去，但時代不老，這些舊物件也不老，留下來成了時間的憑證。

走進荷里活道的兩依藏博物館，上世紀六十年代的建築，黑白二色的外牆，恍若從舊時走到了現在。進入博物館，經過明清兩代的古代傢俱，走進小室，有一個以珠寶粉盒為主題的展覽。如果傢俱是文字歷史等大敘述以外暗自訴說各家各族各代人故事的遺物，珠寶粉盒則又更貼身、更私密一點，說出的故事也更為婉約。

來往於玻璃展櫃之間，為一個Cartier上世紀二十年代製作的小化妝盒著迷。粉紅盒身中間的翡翠手工精巧，恍若時日從來未曾經過，但一件物件在時日之河中總有太多故事，那些擁有過它的人都為它加添意義，其中一個就是梅艷芳，她就是在拍攝《胭脂扣》後買入這個粉盒。

時與空之河

這珠寶粉盒展共展出四百件來自歐洲一八八〇至一九六〇年代的展品，包括Cartier、Boucheron和Van Cleef & Arpels等品牌。這批珠寶粉盒充滿東方風情，多髹以黑漆或紅漆，嵌上翡翠、瑪瑙、珊瑚、方形切割鑽石及中國字畫等，那是上海式裝飾藝術影響西方的時代。忍不住想，那時來過東方的西方貴婦們，怎樣在局勢不穩中匆匆回家，並把東方的珠寶翡翠都帶了回去，又或兩地商貿頻繁怎樣使得兩處都沾染了彼方的氣息，那些設計師與畫家又是怎樣受東方婉約美學的影響？

這些展品收藏在玻璃展櫃裡，不能觸及，但總想知道，打開它們，裡邊還會餘下些甚麼？是殘餘的胭脂與妝粉，還是空空的一塊鏡子映照著想窺伺秘密的人？在時日的河裡，很多東西都散失了，但它們卻留了下來。比如說，有一個

Ostertag於一九二五年製造的粉盒。法國珠寶品牌Ostertag曾與Cartier等齊名，但二戰時期關店後卻沒有再重開。店鋪關了，街道變了，但這個粉盒，以及其上的紅色珊瑚與中國風花卉紋飾，都依舊如初。

還有Boucheron的八角形黃金翡翠粉盒，兩條鏈子連接唇膏，內有髮夾，盒身刻有法文「為你的美麗服務」，這是一九二〇年十月為某位客人特別製造的。那位客人大概早已垂垂老矣，又或早已離世。不禁想，那是她給自己訂製的，還是哪個愛她的人為她準備的？但這些都是時間之河沉底的秘密了。

從流離到永恒的記憶

其一：永遠的異鄉人

二〇一二年及二〇一三年兩屆國際羊毛大獎得主克里斯汀・萬諾斯，其個人同名品牌二〇一四年秋冬系列叫一個讓東方人感到陌生的名字，重新出現在東方人眼前：萬諾斯此季靈感來自已故日裔巴黎藝術家藤田嗣治，他是西方最熟悉的日裔畫家，但卻是永遠的異鄉人——只因他永遠得不到日本人的認同。

世紀初之巴黎畫派

藤田嗣治的故事，與時代關係猶深，好像他總不得控制自己的命運。他先是趕上了巴黎的黃金時代，成為了上世紀二、三十年代「巴黎畫派」的一員。一九一九年，第一次大戰完結，這一年，也是藤田嗣治大受歡迎之時，他有六幅畫入選秋季沙龍，躋身身價最高的畫家之列。

嚴格來說，巴黎畫派並不是一個派別。二十世紀初的巴黎，各種藝術派別此起彼落，思潮湧動，但有些畫家並沒有歸向任何派別，他們穿梭於巴黎之間，各有風格、各有發展（這真是眾聲喧嘩的黃金時代呀）。在這種眾聲喧嘩中，藤田嗣治盡力吸收西方技巧，融入其東方美學中。

藤田嗣治擅於繪畫溫婉之物事，比如貓、比如女孩，他更將浮世繪的纖細墨線用於油畫上：在象牙般的乳白底色上，創出了一種溫暖可感的風格，纖幼、安靜、帶點輕微的感傷。第一次大戰完結至第二次大戰開始之間，大概是藤田嗣治最幸福的時期。其後二戰爆發，因德國與日本的結盟關係，藤田嗣治不能再留在法國，只有返回日本，自此展開他為國人熱愛，然後又復為國人鄙視的人生。

貓與狐的心象

看藤田嗣治的畫，畫中似有還無的貓，女子神情婉轉如狐——貓與狐，是他的、還是觀者的心象？還有他的自畫像，坐在案頭，貓從頸項後探出頭來，凝視著他，他卻凝望著鏡頭，一手按案頭白紙上，一手托腮，案頭有筆墨，鉛筆下還有一幀女子肖像照片，不知是否他所攀描的對象。

又或是同樣的場景，他伏在案頭細畫，長長的毛筆，彷彿在提醒著觀者，繪畫的人有其東方氣蘊，此刻的貓兒卻警醒過來，站在他肩上，雙目有神，如像窺視著畫家作畫的每一筆。

看藤田嗣治最好的畫，總有一種歲月靜好、現世無事之感，但畫家本人的人生卻並非如此。第二次世界大戰期間，藤田嗣治回到日本，受日本軍方委託描繪戰爭實景繪畫，如〈阿圖島最後戰役〉、〈新加坡的亡落〉等，氣勢磅礴，但卻失卻了藤田嗣治的恬靜細膩與溫暖可感。也不知這段時期算不算藤田嗣治最幸福的日子，他被日本民眾熱烈擁護，甚至有人看著他的畫感動落淚……

可惜到日本投降時，當時美軍也找到藤田嗣治了，在如斯處境下，藤田嗣治被日本人視為叛徒，他再度離開日本，一九四九年前往美國，翌年移居巴黎，重回到以生活作題材的作畫人生裡——輾轉來去，他的浮生際遇，化成筆下望著咖啡館門外的女子。

其二：詩一般的風格

有關故土與異鄉，有時就是藝術家游離其間、心難所定的狀態。總在路途中，回轉還是到達彼邦都似乎難有所定。安特衛普設計師萬諾斯就從藤田嗣治的人生中找尋契合他創作與生命的養份。萬諾斯確是能了解藤田嗣治的，他的設計被譽為「詩一般的風格」，總是有關他的童年，有關他經歷過的人生。

里爾克言永恒的童年是取之不竭的靈感。對萬諾斯而言，確是如此。設計師擅長羊毛編織，這種材質溫暖可親，他至今還穿著母親多年前為他編織的毛衣。他了解物料的質感，與乎質感帶來的感受與記憶。

日前在EQ:IQ的秋冬季preview中遇見設計師，他正在解說藤田嗣治哪些畫作與照片影響了他，那是一張畫家抱著貓兒窩在毛毯裡的照片，有一種家的溫暖，諷刺的卻是藤田嗣治總是作為一個異鄉人般流落在外，不為日本人所接受。

萬諾斯取這毛毯的溫暖之感，以看上去相類似的素材設計了連身裙子，營造一種詩意地棲居於衣裙內的感覺。而另一條由多塊布料拼貼而成的裙子，當中的紋理則是模仿貓身的花紋。這些用色溫暖、輕柔的衣物，帶一點輕微憂傷，如果熟悉藤田嗣治的畫作，就會知道這些色調都是來自畫家的作品。

阿爾卑斯山的童年

而萬諾斯為另一品牌EQ:IQ主理的秋冬系列，則是其個人品牌秋冬系列的延伸，一樣有從藤田嗣治畫作獲得靈感，但當中作結的ALPINISM系列，靈感來自瑞士阿爾卑斯山壯麗景色。山色純樸寧謐，設計以黑白為主調，映襯各種藍色、橄欖綠色及粉紅色。

乍一看上去雖與藤田嗣治系列的溫暖輕柔不一樣，但若熟知設計師的背景就明白了：阿爾卑斯山是其童年居住之處，這些山色風貌裡全部都有他的記憶。由是這些衣服有了另一種溫暖之感，當你凝視這些風景之衣，你會看到一個設計師對地方之愛。

在多年以後回應著一個畫家對故土可望不可即之愛。

就是這張藤田嗣治的生活照給了萬諾斯象多靈感。

畫女子比畫戰爭更適合藤田嗣治。

多向度的身體

其一：在秩序與失序之間

一開始是緩緩的音樂，那是蕭邦的《G小調第一號敘事曲》，身穿挺直中長大衣的剛強女子從後台的陰影走出來，她的兩隻衣袖上縛了兩圈粗皮帶、她始終保持沉默有力的表情。越是走到伸展台的盡頭，她的面孔越是清晰：線條強硬的嘴唇，肅穆的表情。

沉默女子一個接一個走出來，真相越來越殘酷，女子戴著把口鼻耳也封掉的帽子，無法言語。這是台灣設計師黃薇二〇一四年秋冬系列，靈感來自納粹時期被俘虜的猶太人——那些被抹去身份、抹去個性的人們。

不規則衣裙

設計師說：「儘管他們被迫換上制服，別上臂章，外在如何壓迫極欲統一，他們的內在永遠是他自己。」甚麼是壓迫與統一呢？那大概是，總被要求在秩序一致的步履裡沒有了自己，只能是同樣的制服裡的一員。那些臂章、那些綑綁手腳的皮帶，在衣服各處出現。但這樣就真的能把每一個人的個性都抹平麼？

無論在怎樣嚴密的秩序裡，都有失序的可能。失序，不是瘋狂、不是混亂，而是突破序列，突破才有新的東西出現、突破因循才有源源無絕的生命力。比如說，模特兒穿著百褶裙子，重複的、統一的裙褶，但看著看著，忽爾卻有了變化，其中一截變短了，在不規則裡帶來了反抗統一的感覺。還有本是完整、沉悶的裙子，走近了就看見，剪碎了，不能再約束步履了。

音樂．史詩．獨立

在秩序與失序之間，女子一個接一個走出來，重現了大半世紀前那些不屈從於強權之下的人，那些難以被時代忘記的臉孔。背景音樂是蕭邦的《G小調第一號敘事曲》，蕭邦也是希特拉不喜歡的人之一。蕭邦父親是法國人、母親是波蘭人，但他一直視波蘭為其原鄉，其父於移居波蘭後，也參與過反抗軍、爭取波蘭獨立。蕭邦本人一樣痛恨極權，當他看見十一月革命也無法推翻異族統治者時，就決定流亡國外。他把波蘭的民族文化引入音樂中，他的民族性從不因壓迫而消弭殆盡。

無論是波蘭人，還是猶太人，歷史似乎都在重演與循環。音樂亦然，但無數樂音建起的秩序中，忽爾的失序與跌宕，那就是樂曲的誕生歷程。蕭邦一生共創作了四首敘事曲，寫於一八三一至一八四二年之間，一八三一年正是他離開波蘭移居巴黎的年份，此後他在異鄉流徙離散，而波蘭長存於他的音樂中。

其二：從身體開始反抗

台灣設計師黃薇從猶太人與波蘭的歷史中取得靈感，設計出一系列有關反抗的時裝。歷史上還有很多國家和族裔，與鄰國有所紛爭，有所衝突，弱勢的一方，命運往往無能自決。不久前就有烏克蘭，夾在美國、歐洲與俄羅斯三大勢力之間，命運懸而未決。

關於反抗的時裝還有很多，比如說Alexander McQueen一九九五年秋冬系列「高原強暴」，很多人初時以為那是對女性的羞辱，其實設計師亞歷山大・麥昆指向的是英國多次侵略蘇格蘭的歷史。麥昆的祖父正是蘇格蘭人，此一系列也是麥昆對自身家族歷史的一種梳理，在衝突爆發的大時代，個人小史，早已與大歷史交織互融，不分彼此。

蘇格蘭：高原反抗

「高原強暴」指向的是十八世紀詹姆斯黨（Jacobite）的叛亂，以及十九世紀的清黨行動。英國與蘇格蘭在三百年前合併為聯合王國（United Kingdom），兩地在一七〇七年簽訂的聯合法案裡，廢止了獨立的蘇格蘭議會，而賦稅與政治也比之前更嚴苛，自此以後，或為獨立、或為宗教自由，蘇格蘭付出甚多。

麥昆就說過，因其父系的蘇格蘭血統，他仔細研習蘇格蘭的動盪史與清洗史。其所重現的高地，滿是荒涼之境，他將野蠻、血腥、狂野、猥褻等元素融進設計中。而「高原強暴」系列最易認出的蘇格蘭原素就是蘇格蘭裙。

在此系列裡，麥昆為蘇格蘭裙加上「破壞」和「否定」等元素，比如在胸部位置大開中門，猶如衣服被割開，將龐克的反抗文化融進滿帶民族性的蘇格蘭服飾中。麥昆也於服裝上加上挑逗甚或是色情的小細節，來沖淡其嚴肅性。比如有一條用蕾絲造成的裙子，滿是撕碎的細節，而暴力清晰可見。

蘇格蘭裙本身就承載了反抗的歷史：一七四六年卡洛登一戰，詹姆斯二世及其擁護者被打敗之後，因其時蘇格蘭起義軍的制服是經典黑紅色格紋，「服裝法」規定蘇格蘭人不能穿這樣的服裝。幸因大不列顛軍隊中的高地兵團仍然沿襲這樣的裝扮，蘇格蘭裙才得以倖存下來。

「高原強暴」系列十二年後，麥昆於二〇〇七年秋冬系列推出「卡洛登的寡婦」，同是以蘇格蘭裙為主角，那些交疊的線條與顏色，在重覆的格紋中，訴說服裝與身份如何因政治、權力與侵略而被隔絕，卻始終不願為世所忘。

一七四六年，卡洛登一戰，起義軍穿的就是蘇格蘭裙。

一九九五年的「高原強暴」系列，指向蘇格蘭被壓迫的歷史。

高地巫女還魂記

猶難忘記亞歷山大・麥昆的「高地強暴」系列，那是荒蕪之地的歷史，也是人在其間的奮鬥史。在那多災多難的土地上，柔弱的女子是怎樣熬過世世代代？設計師亞歷山大・麥昆早於二〇一〇年離開人世了，但Alexander McQueen仍在，麥昆生前的摯愛密友莎拉・伯頓接手管理品牌，二〇一四年秋冬系列，孤絕的女子走過荒瘠大地，如同走過時間，不禁想，那荒原是否就是麥昆的故鄉蘇格蘭高地？

背光的破敗之地

麥昆祖父是高地人，一九九五年的秋冬系列「高原強暴」，是麥昆藉英國多次侵略蘇格蘭的歷史，梳理自身的家族史與身份。蘇格蘭高地，舒緩起伏的低矮綠草和苔蘚覆蓋著貧瘠的土地，但活在其間的人都生命力頑強、珍視自由。

來到二〇一四年，高地又重現於Alexander McQueen的時裝騷裡。這個系列一開始，遠處亮起朦朧的光，女子背光走來，暗黑，難以看清輪廓，漸漸面容外貌才清晰起來，蠻荒大地裡走過一群一群穿黑與白的女子（她們又如像在荒蕪與孤獨的星球上走過），你無法訴說那是夜之初至，還是清晨的來臨，抑或是這種晦淡、泛著暗紅的光，就是破敗之地全天的光景，在這種光之下，序幕所說的故事，就像罩上了不祥的氛圍。

安定又絕美，女子走過荒瘠大地，那些寬鬆的高腰裙子，彼得潘領、寬鬆袖子，全都帶有童話的感覺，但這是暗黑童話，如果要再找像小紅帽般介乎少女與成熟女子之間的角色，那就一定是年輕的女巫。

用力存活的女子

年輕女巫不只是少女與老婦人之混合，也不只是日與夜、生與死之混合。愈是後段出現的模特兒，愈是帶來生之神秘感，動物皮毛造就的厚重斗蓬與裙子，一套接一套出現，充滿生之殺戮。這是蘇格蘭的高原，男人都去了征戰，或許永不再回來，強悍的女子，冷漠卻帶貴氣，蒼白的粉妝與金屬色眼影，還有黑色衣裙上的金屬絲線。

漸漸也有了黑白以外的顏色，黑色裙子上有各種螢光暗色，既如海底霓彩、又如同星際奇光，低調地張牙舞爪（還記得麥昆生前最後的系列「柏拉圖的亞特蘭蒂斯」嗎？將星際萬象與世俗冷血爬行動物花紋結合，那繽紛而多變的色彩）。

整個系列，無論是浪漫、脆弱、靈氣的白，還是神秘、孤絕、詭異的黑，模特兒都一概穿上剛強耐穿的短靴或長靴。這是在貧瘠大地上用力生存下去的女子，可以走很遠的路，不論她身上的高腰紗裙，帶來了怎樣的天真爛漫之姿……

我幾乎覺得這是莎拉・伯頓交出的最好的成績表了，對得住麥昆有餘了，她觸碰到了麥昆的內心：那是對一地有愛，故而對一地之人與事也同樣有愛，無論那是時間線上遙遠的人、還是在空間概念上遙遠的人。

PM 2.5下的時尚

數月前與華裔設計師馬瑪莎一面之緣，對其大口氣不敢恭維，也連帶對其設計帶一點偏見。倒是其二〇一四年秋冬系列，恍若叫人看見一點Alexander McQueen的意味（她確實曾於Alexander McQueen擔任助理），那薄薄的、或黑色或白色的喱士口罩，叫人想起馬瑪莎少女時期在北京成長，近年又回流大陸開店，那般這口罩的靈感是否來自北京等地的霧霾，意圖以時尚阻擋PM 2.5的陰影？

Masha Ma的秋冬系列，那個口罩叫人不禁想起同是二〇一四年秋冬系列，大陸彼岸的台灣設計師黃薇也一樣有封口的元素，模特兒戴著把口鼻耳都封掉的帽子，恍若無法言語。

升起的惡之花

黃薇的靈感來自納粹時期被俘虜的猶太人，那些不能自由言語的人。來到馬瑪莎這兒，那口罩就有點不同了，大小剛好蓋住口鼻和下巴，但不規則的曇花形狀與微透的喱士材質，又同時像是遮掩著嘴巴的烏雲與灰塵，那就不得不叫人想起籠罩大陸天空，恍若永遠不消散的霧霾。

結合黃薇的例子並讀，就不禁想，在西方生活多年的馬瑪莎，今次這封口之舉，是否別有含意？比如說因氣候環境而引致的不能開口言語，以及因政治環境而引致的不能自由言語，兩者都可說是中國一直未能解決的問題。

或許我真的想得太遠了，撇除這一切，馬瑪莎今趟的服飾依然可穿性非常高。回看她之前的作品，顏色配搭簡約，廓形帶大刀闊斧的硬朗，再以褶皺手法及荷葉花邊等方式添加了一些女性的陰柔，不會過多，剛剛好，清脆俐落。這些特質，今次一樣保留了。也喜歡今次加進封條的元素，或作為裝飾細節，或綁在身上，那束縛的感覺，與遮掩口鼻的口罩相對應。

那透薄的口罩或許隔阻不了微細懸浮粒子PM 2.5，但一朵開在口邊的lace疊花，卻不禁令人想起法國詩人波德萊爾的《惡之花》，那是從最頹敗的環境，從憂鬱、陰霾、利慾交纏之地升起之花朵。

戰爭與和平

其一：爭取發聲的機會

從上世紀六十年代起，我們叫了數十年「和平」與「自由」的口號，但美好願景終歸是美好願景，世界依舊邪惡。因為利益、因為衝突，因為種種的差異——信仰不同、種族不同、歷史不同，人們互相廝殺。來到二〇一四年，流離的以色列雖然早已立國，但仍未得到真正的平安，為了自身利益，不顧加沙走廊平民安危，而被佔了土地、痛失家園的巴勒斯坦人，更是當年被壓迫的以色列人的翻版，成了另一流離失所的種族。

時尚總是溫飽過後才能談的追求，是否真的與渴求和平關係不大？但有時又想，在大是大非面前，無論政治家、藝術家、設計師，乃至任何範疇的人，都會盡一分力去阻止戰爭的蔓延。而時尚到底能做些甚麼？或有些甚麼是時尚做起來能事半功倍的？那必定是其宣傳功能，將某些不為人知或為人所忽略的事擺上桌面。

冷戰時期的抗議T恤

至少在對戰爭的取態上，歷來有不少設計師盡力去表達自己。一九八四年，不只是鐵娘子柴契爾夫人在香港前途問題談判上輸了一仗（尚記得她在此前兩年赴華與鄧小平談判後於人民大會堂階梯前摔了一跤），在時尚上她也輸了一仗。她挽著手袋的裝扮固然深入民心，但有一張與時尚相關的照片，也一樣在時尚的歷史上流傳了下來。

這張照片攝於一九八四年，當時以口號抗議T恤聞名的英國設計師嘉芙蓮・漢納穿上自己設計的T恤走到唐寧街首相府與柴契爾夫人見面，那是一件印著「58％的人不想要潘興飛彈」標語的T恤。

上世紀七十年代末、八十年代初，冷戰尚未結束，因怕蘇聯軍備追上美國，北約決定在西歐部署潘興II式中程導彈，所有潘興II型導彈都存放在西德，而巡航導彈則分散在西德、英國、意大利、荷蘭和比利時，可以預見，若果美蘇開戰，世界會陷入怎樣的困境。

而漢納與柴契爾夫人這一幕就讓記者拍下了，也於翌日掀起了討論，令英國人更關注導彈事件。

停戰，貝理雅滾蛋

或許你會說這是因為導彈設在自己的家園，但有時關注社會就是不應旁觀他人之痛苦，而不做任何事情去阻止。冷戰危機拆除了，但西方由因其貪婪，以及中東本身的問題，開始不停在中東地區掀起戰事，歸咎他人為極惡，訴說自己為善。

二〇〇三年，在美國與伊拉克的戰事上，英國等國家與美國組成聯合部隊，為了抗議有關決定，漢納在其於倫敦舉行的二〇〇三年秋冬系列，設計了多款回應社會議題的T恤，其中一件就印有「停戰，貝理雅滾蛋」（Stop War, Blair Out），以此抗議伊拉克戰爭。

撰文之時，臉書上各人正在轉貼加沙死傷枕藉的照片，平民與兒童，原就是與我們一樣的人，原也是與以色列人一樣的人，與哈瑪斯成員一樣的人，但卻因他人之衝突而處於戰火之下。當年漢納等人沒有旁觀他人之痛苦，今天，也讓我們向漢納等人學習，以及致敬。

漢納與柴契爾夫人的世紀合照，當時英國人並不贊同於境內設巡航導彈。

漢納擅長以印上文字的T恤表達她所關注的議題。

其二：不能旁觀的苦痛

加沙平民處於以色列與抵抗組織哈馬斯的衝突之間，飽受戰火之苦，網絡上傳來一張張加沙苦難、血肉模糊之照。想起蘇珊・桑塔格寫有《旁觀他人之痛苦》，談到人們因大量接觸戰爭的影像而愈來愈習慣於他人之痛苦。桑塔格說：「經過不斷曝光之後，真實度開始減弱，照片創造了多少同情，也就使多少同情萎縮。」

何謂旁觀他人的痛苦？有時在表示同情與轉發了戰場照片、宣稱自己無辜後，我們都呼一口氣，繼續若無其事的生活下去。但也有很多人，他們真的走前一步，去為世界之和平與自由而努力。

誰是曼寧？

如果有留意二〇一四年Vivienne Westwood春夏系列，會發現有一個士兵肖像不停出現，無論是作為T恤上之畫像，還是扣在衣服上的襟針。那是美國陸軍士兵曼寧，但曼寧是誰？

世人都知道斯諾登，但曼寧一樣值得我們認識，他是美國陸軍士兵，向維基解密網站提供數十萬份美國機密資訊，包括伊拉克和阿富汗的空襲和戰事的相關影片和文件。

這當然叫世界看清戰事的不義，也別忘了維基解密所洩露的一系列有關美國與中東的文件，最終導致了其後的阿拉伯之春、佔領華爾街等事件——洩密的意義何在？有時也許就是為了不願旁觀他人之苦難。

在同一地圖上

曼寧因為洩漏機密資訊，而遭軍事法庭判刑三十五年，判刑後，曼寧發表聲明表示：「如果你拒絕我的赦免，我會花我的時間服獄，以此了解：有時候你必須付出極大的代價，才能夠活在一個自由的社會。我會非常樂意付出此代價，如果它代表我們將擁有一個真正誕生於自由並貢獻於促成所有男女皆平等的國家。」

原來在反思他人之痛苦（及不公義）之後，就是要追求一個自由與平等的世界，此種權利原來要付出三十五年的時間去服獄。不是想叫人人都學曼寧那般去做一些挑戰了既定法律的事情，想說的是或許我們每人在同情以外，也想想有甚麼可以做，最後，就借用桑塔格的一段話作結吧——

「暫時把我們寄予遭受戰爭和醜惡政治之苦的他人的同情擱在一旁，轉而深思我們的安穩怎樣與他們的痛苦處於同一地圖上，甚至可能——儘管我們寧願不這樣設想——與他們的痛苦有關，就像某些人的財富可能意味著他人的赤貧。而對這個任務來說，那些痛苦、令人震驚的影像，只是一點最初的火花而已。」

噤聲與自由

其一：噤聲與自由

這是一個關於自由與噤聲的六月，接下來還有七月，還有每一個被要求噤聲的日子。但噤聲是甚麼？有時噤聲又或被噤聲，反倒有更大的、更多的創作的爆發力，想起二人組合Simon & Garfunkel的〈寂靜之聲〉，背景是追求自由與公義的六十年代，這寂靜之聲竟也是抗議之歌！

值得留意的是，若歌曲是Simon一人獨唱，則稱為The Sound of Silence，若是二人合唱，則是The Sounds——眾數的靜默，有時不一定代表馴服，或許正蠢蠢欲動，呼召著眾人反省時代，然後，一同發聲。

虛色與實色

有關噤聲的時裝又是怎樣？比如說台灣設計師黃薇與華裔設計師馬瑪莎的二〇一四秋冬系列，前者訴說納粹時期猶太人的歷史，女子戴著把口鼻耳也封掉的帽子，無法言語；而後者則如同暗喻霧霾陰影之下的中國，如曇花又如煙塵的陰影遮掩了每人的口鼻。

這兩個設計師都把被噤聲的場景展現出來，如同二人組合Simon & Garfunkel的寂靜之聲，把一切有關靜默的眾聲喧嘩都呈現了。要是回到最本質，沉默與衣裝其實關係甚密，有些人把自己藏進暗沉的色彩裡，隱而不見；有些人卻藉由衣著而在眾人間跳脫出來，如同沉默的顏色也會發聲。

顏色也是有聲音的。錢鍾書就提到宋祁《玉樓春》裡說「紅杏枝頭春意鬧」，這個鬧字以聲音述說杏花的紅與繁盛。他又說到中國詩文裡的顏色有「實色」（觀感顏色）與「虛色」（情感顏色）之分。是的，有時看似安靜的顏色，其實發出的聲音可能更大，因為那是「虛色」，韋莊詩說：「也有絳唇歌白雪，更憐紅袖奪金觥」，正是虛實二色交鳴的範例。

嘈吵的黑色

法國詩人波德萊爾喜歡黑色，他就是藏身在繁囂的巴黎街頭，在人群當中，記取身穿黑色衣裙、滿是哀悼氣息的陌生女子。曾經黑色只是無言語者的衣著，如僕人或寡婦。但在一戰後，滿街都是未亡人，與乎滿街混雜的戰後狂歡、痛悲與失落，黑色就變得很複雜了。

英國設計師侯賽因・卡拉揚一九九八年春夏系列，名為「在其間」（Between），就是關於有話要說的黑色時裝。其中一個場景站著六個穿黑的女子，最左邊渾身赤裸，只戴黑面罩與穿黑涼鞋，她身旁的女子，黑頭巾蒙臉，頭巾長至腹部以上，露出了眼睛以及腹部以下的身體部位。這樣逐個看下去，黑頭巾黑衣裙遮掩的部位愈來愈多，最後只餘眼睛、手和小腿。這樣的黑色有很多話要說，訴說了封閉、訴說了某地女子失卻的自由——她們的愛恨情仇全隨著她的身體封閉在長又長的黑頭巾與黑衣裙之內。

其二：沉默是為了反撲？

英國設計師侯賽因・卡拉揚對不公義的物事有所反思，最擅於以沉默之黑訴說對自由之呼召。他的一九九八年秋冬系列，女子穿黑也穿紅，但一塊黑色或紅色薄膠片封在口唇上，薄且透明，已足夠叫女子不能言語。開初女子緩緩一個接一個走在台上，如像幽靈，走到台中央，看著觀眾，就像有話不能說。半場過後，音樂加快，女子亦愈走愈快，被封口的女子在台上交集起來。然後，音樂慢下來，女子聚集起來，一個接一個列隊而行走，如像展現龐大的沉默團隊。最後，她們再次逐個走到台中間，望著我們，望著我們，望著我們。

這些被噤聲的女子，望著我們，如同她們是在籠裡跟我們對望，叫人不禁想到，每一個人本身有時也是如此無力與徬徨。沉默、壓抑、噤聲至極點，會是怎樣？會是終極的馴服嗎？

未必！想起一九九一年上映的電影《沉默的羔羊》，電影改編自湯瑪斯・哈里斯的同名小說，故事說的是一名聯邦調查局實習女探員追捕一名變態的連環殺手，因要了解殺手的心理，便去探訪關在精神病院裡的精神病學家。

里爾克的豹

對電影的記憶非其中的恐怖部份，亦非如何追捕殺手，而在於精神病學家與女探員之間的談話，他們分享有關沉默的故事。女探員說，她小時候總是聽到羔羊的尖叫，她怕屠夫會宰殺羔羊而開門放走牠們，但那些沉默的羔羊只是困惑地站在原處，卻不知道該如何逃命。

隔著鐵籠，安東尼・鶴健士飾演的精神病學家並不困惑於沉默的羔羊，他倒說了另一個版本的沉默——他在鐵籠裡朗讀德國詩人里爾克的〈豹〉，那頭豹許是他內心世界的寫照：「牠的目光被那走不完的鐵欄／纏得這般疲倦，甚麼也不能收留。／牠好像只有千條的鐵欄杆，／千條的鐵欄杆後便沒有宇宙。」被囚禁之人，無論是肉體上、還是精神上，都如同里爾克的豹，也如同茱迪‧佛斯特飾演的女探員所述說的羔羊，在千條鐵欄杆之內無能尖叫。

偉大的意志

里爾克的豹沉默地在籠裡踱步，尋求自由而無出路，但牠從未因而停下來：「強韌的腳步邁著柔軟的步容，／步容在這極小的圈中旋轉，／

里爾克從籠中豹思考處身人世規範中仍保有偉大意志。

彷彿力之舞圍繞著一個中心，／在中心一個偉大的意志昏眩。」

這豹望著籠外，一旦發現誰在望著牠，牠便會「眼簾無聲地撩起，／於是有一幅圖侵入，／通過四肢緊張的靜寂——／在心中化為烏有。」牠四肢處於「緊張的靜寂」，牠原來隨時準備反撲，儘管最終只是在牠的心中「化為烏有」，但牠的沉默，竟是一個教人為之昏眩的偉大意志。

其三：沉默，終致滅亡

七月一日，時晴時雨，但無阻眾人上街的熱誠。下雨時，整條街道都是雨傘的花，開得密密麻麻，如同每個人要說的話。警方公布說遊行的數目是九萬二千人，這離真實的數字太遠了，原來在這九萬餘人以外，還有數十萬人的聲音未被聽見。對這些人而言，他們都是被抹去的存在。幸而，總有人聽到了他們說的話，知道了他們的存在。

荒誕而冷漠

這世界有時充塞著謬誤，以及盲點，總有他人的苦難不被看見，總有他人的說話不被聽見。在二〇一四年初的巴黎時裝周中，荷蘭設計師艾莉絲・荷本將三位模特兒置於凌空大膠袋中，慢慢抽走空氣，女體稍為掙扎，便如同標本密封於膠袋裡，但其他模特兒卻從容地走過她們，如同她們並不存在、也如同她們的痛苦並不存在，對她們所展示的囚禁本質，也如同視而不見。

設計師艾莉絲・荷本有意設計此一場景，她展示的，當然是關於時裝界的謬誤——這邊廂展示身體之囚禁，那邊廂卻仍是超高跟鞋、仍是高舉刻薄的女體標準。但這遠不只是一場時裝騷，這些荒誕的情景在真實的世界裡比比皆是。

二〇一三年九月，烏克蘭女權團體FEMEN兩名抗議者，跑到巴黎春夏時裝周Nina Ricci的騷上，她們在身體上寫上文字，然後於會場奔跑——這一幕，究竟有何寓意？

這些在會場奔跑的抗議者，對比衣著整齊、安坐其位，來看時裝騷的貴賓們，竟如對照出一種人世間的荒謬，抗議人士帶來的混亂，與乎會場裡邊的人的整齊安靜與冷漠，叫人驀地看清了隱藏的真相——在別人有所反抗之時，原來世上滿是袖手旁觀與嘲笑之人。

沉默的大多數

這些會場裡過份冷靜的人，面目非常模糊，倒叫人想到美國前總統尼克遜所說的「沉默的大多數」。一九六九年，尼克遜為了使藍領階層更關心政治，在演講中使用了此一詞語，希望他們有所覺醒。

但尼克遜並不是第一個使用「沉默的大多數」這個詞語的人，一八三一年，當時的紐約州代表康布勒朗就用這個短語，來抗議跟風投票、並沒有仔細審查就否決聯邦法案的議員。

從康勒朗使用這個詞語到現在，一百多年過去了。有時候，就算我們非沉默的大多數，也不代表當權者願意聽到我們的疾呼，但也總得振臂一呼。想起十九世紀，「沉默的大多數」也是死亡的委婉語。在我們的社會中，也有太多太多的「沉默的大多數」，那就不妨也這樣想：沉默，終致被滅聲，終致精神上的滅亡。

西西里

叛逆南方小島

對Dolce & Gabbana的在地或尋根時尚總多加留心，或許就在於DG二子所位處的意大利最南端西西里島，與所處小城一樣，有一種邊緣之於中土的叛逆。Dolce & Gabbana二〇一四年秋冬系列，可追尋至公元一一三〇年於西西里島成立的諾曼王朝（Norman Kingdom of Sicily），自此多番轉折，王朝交替，終至公元一八六一年，分裂為二的西西里王國被撒丁王國征服，西西里王國從此消失。同年意大利王國成立，而西西里島成了意大利王國的東南小島，但他們謹記自身也曾是輝煌的王國，也有自身一地之風貌，非一主權王國可將其納入、歸化。

來到二〇一五年春夏系列，設計師杜梅尼科・多爾奇與斯蒂芬諾・嘉班納繼續述說西西里島的故事，這一趟是關於西班牙人統治時的西西里島，歷史上，西班牙兩次統治西西里島，當中包括由十五世紀初至十八世紀初長達三百年的統治。其後西西里島經歷薩伏伊王朝和奧地利短暫的統治，又於一七三五年重歸西班牙之下。

地中海陽光氣息

或許西西里島文化的多樣性與特色，就是來自這個地中海島嶼曾遭受多種民族的入侵與統治——西西里島位處意大利最南端，是地中海文明的中心點，自古也是備受爭奪的戰略要地。這一趟，DG二子將西班牙傳統華麗的鬥牛服裝融進來年春夏系列中，展現西班牙文化曾經如何影響西西里島。

天橋上一眾男子，西裝骨骨與改裝了的鬥牛男裝相雜而行，那情狀，也真是不知該如何形容；改裝後的鬥牛裝短外套，有其華麗的一面，當中保留了傳統鬥牛裝的縫繡紋飾圖案；也有其悠閒的一面，將運動服元素如帽子加進去，將鬥牛圖像變成胸前印花圖案；又或者一下子來了一個裸露上身的男子，滿是地中海的陽光氣息。

溫柔化了的暴烈

那些細緻荷葉邊褶飾、激情的鮮紅、艷綠、寶藍，不及西班牙傳統鬥牛場景那麼兇猛、狂野、血腥，倒是有一種溫柔化了的暴烈之感，對了，那正好就是西西里島文化之於西班牙文化的不同。

DG二子這一趟可謂別出心裁，兩人一直梳理西西里島的歷史，也沒有特意要去呈現戰爭、入侵、殖民所帶來的各種壓迫，而是著眼於各種民族文化血統如何在西西里島滙集，成為此地之養份。

是的，這就是西西里島的歷史，當地或許曾遭受多種入侵、多種拉扯，但無妨當中世代而活的人，至今依然保有自己的身份與個性，也許這就是這個叛逆的南方小島最為可貴的精神。

權力的新衣

猶記得西太后薇薇安・魏斯伍德將英女皇圖像與納粹圖案一同印在T恤上——王室形象嚴謹正統，時尚卻多有關乎叛逆，但兩者並置一起碰擊出別樣的火花。若不喜歡西太后過份龐克，不妨看看日本品牌Undercover對王權的諧謔。頑皮的幽默感，叫你對世事紛爭一笑置之。

時尚的本質在於求變，王朝在於不變。有趣的是，時尚與王朝看似本質上完全相反，但卻遠非如此，回看多國歷史，權力核心總是在更朝迭代中不停變改。單是英國王朝的歷史，就牽涉了周邊數個國家，無論是平民，還是王族，似乎都不能控制自己的命運。

顛覆王室形象

幸好，我們尚可以掌握自己穿些甚麼，以時尚為自己加冕。二〇一四年的秋冬系列，Undercover將皇冠、圍巾和披風融進設計中，用頭髮編織而成的皇冠，配上寶石後，為一身衣飾設下定調。而圍巾交叉穿插於衣服的縫隙之中，又如像用於佩戴勳章的綬帶般，這綬帶在正式場合，會因應身份而有不同的穿法：由右肩斜至左脅佩戴的是授於平民的勳章，由左肩斜至右脅佩戴的是授於王室成員的勳章。

有趣的是在Undercover這個系列裡，多是由右肩斜至左脅的平民方式，不知設計師是否有意如此。當中有些設計脫自軍裝外套，有些脫自運動服，你大概也沒有想過典雅的王室形象能與運動服飾結合。穿這樣一身衣飾，更像是童話裡詼諧的君主，如果皇帝真的有新衣，大概就是這樣。

諧謔宗教權力

除了政治與軍事，宗教一樣叫人想到權力。鑲嵌了金色別針的洛可可式外套，固然叫人想起歐洲王室的國王與女王，但那高聳的冠冕一樣叫人想起教宗，尤其是設計師高橋盾刻意要模特兒化上殭屍妝，慘白的臉，血紅的雙眼，如人世間容不下的異類。

但這樣的妝容配上華麗的服飾與冠冕，當中的矛盾，何嘗不是指向現世的衝突？或許權威人士並不是我們想像的那般高高在上，典雅、莊重、顯赫、正直，這些詞語來到高橋盾這兒就變味了，變得幽默而趣味十足。

面朝廢墟的抒情詩人

最明白時尚本質的詩人，大概就是法國的波德萊爾。他於巴黎喧鬧的街道上，遇上一位叫他一見難忘的陌生女子：她穿一身喪服，在人群來往中擺動裙子的彩色花邊；詩人就於電光一閃間，在這一波波裙襬的波動中愛上她，可是在這一瞥之後，女子隱沒人群之中，不再復見。一瞬如像永恒，由是詩人寫下〈致一位過路的女子〉，讓百多年來眾人一再思慕，那穿黑裙的女子有何種風采，叫詩人如此難以忘懷。

一瞬如像永恒，大概也就是時尚的真諦？波德萊爾此詩收進他的詩集《惡之花》裡，一本有關世紀末巴黎的詩集——現代城市之「惡」，在於本質上不停前進，不停拋掉舊有物事，但正是這種「惡」，展示了頹廢與憂鬱，開創了另一種美學。

詩人就在種種逝去之物之中追憶與懷舊（nostalgia），書寫其時的巴黎風貌。也就只有在如巴黎般的大都市中，詩人才能於瞬息萬變的人群中，偶遇讓他一生難忘的女子——又或許該這樣說，唯有迷失在城市的萬花筒中，一見鍾情成了love at last sight，才讓那陌生女子顯得如此可貴。

失序時代的憂鬱男子

時尚又何嘗不是存在於初見與最後一瞥之中？

時值世界急速變化的十九世紀，巴黎男子波德萊爾深深憂鬱，將新世界的拾荒者、娼妓、邊緣人與城市風貌一同書寫，疏離之「惡」與厭絕之「惡」，由是成就了巴黎風光，此所以猶太哲人本雅明稱他為「發達資本主義時代的抒情詩人」。上世紀八九十年代始，我們來到另一種發達資本主義時代，世紀末的華麗與狂歡，重疊著沒法融入新世紀的恐懼與頹唐，因而有了另一個新時代的抒情詩人——他用時裝去寫詩，他一樣將世人在急速進展中未能完全過渡到新秩序的各種複雜思緒，以詩化的時裝表現出來；又或者該說，他與波德萊爾一樣深陷於時代的漩渦中；此人就是英倫早逝時裝設計師亞歷山大・麥昆。

這兩個憂鬱男子同樣留意社會上的邊緣人與畸零人。波德萊爾在〈每個人的怪獸〉裡描述過一種駝著背前行的人，他們「被一種不可控制的行走的慾望推動著」，這些慾望與迷失成為他們背上巨大的怪物，他們在前進中被背上的怪獸壓成畸體。

世人亦同樣難忘麥昆時裝騷裡那些無法在美麗與醜陋之間定義的軀體，從飛蛾縈繞肥胖的身體，到長出脊椎、長出角的畸體，麥昆常常將強調亮麗的社會想要藏匿起來的東西翻出來，將之放大，諸如被遺忘的戰爭，諸如畸零的性及軀體……他一如波德萊爾，從變形的事物中發現美，更迫使人們觀看及面對。

Alexander McQueen FW 2009：拜物與廢墟

波德萊爾從時尚中看出現代性，因時尚稍縱即逝，卻又持續不息，短暫，卻是永恆。兩個憂鬱男子同樣深深了解時尚，卻又同樣將歷史奉為信仰——還記得麥昆一再梳理愛爾蘭歷史麼？他跟波德萊爾一樣，認為唯有將過去的時間帶到當下，才得到救贖。

若說《惡之花》建立在城市不斷拋棄過往記憶的廢墟之上，那麼麥昆之所以極端憂鬱，皆因世人對廢墟視而不見，他逝世前一年的秋冬系列 The Horn Of Plenty Dress，舞台背景是堆積如山的大型垃圾，如像一個廢墟，模特兒圍繞廢墟而走，時而望向看騷的人。如此畫面，教人想起本雅明所提到的新天使——那是瑞士畫家保羅・克利的水彩畫《Angelus Novus》，畫中天使背對未來，面向過去的廢墟，他本想留下來，喚醒逝者，但天堂刮起風暴，將他吹向他背對的未來，本雅明說，把人們吹向未來的風暴，就是人們口中的「進步」。

麥昆的模特兒背對廢墟，她們眼前沒有風暴，有的只是向她們高呼鼓掌的觀眾，他們興奮，他們雀躍，恍若不見舞台中央層累疊積的殘骸廢墟。麥昆將最新與最舊、將前進與逝去、將膜拜與厭棄，共冶一爐，那何嘗不是現代的「惡之花」？劇場化的荒誕帶有深深的憂鬱。

Alexander McQueen SS 2001：鏡子的隱喻

麥昆擅於把兩種相反的特質揉合在一起，這樣在一體中互有矛盾的最佳例子就是鏡子。波德萊爾寫過他把沿街叫賣的玻璃匠叫上樓，在察看了所有玻璃後，他質問玻璃匠：為何「沒有讓人把人生看成是美好的那種玻璃」？

玻璃碎了會成為利器，引發想像中的恐懼；玻璃封存了一邊，不再透明，卻成為鏡子，讓人以為鏡中有真相，殊不知那是反照著顛倒的世界，照鏡者的右邊乃鏡中人的左邊，那麼，如何能向鏡子要求真實？這世界根本不存在波德萊爾所追問的、透視人生美好的玻璃。那就教人想起Alexander McQueen 二〇〇一年春夏系列，

波德萊爾的巴黎開出惡之花。

麥昆用鏡子將台上台下分隔起來——開騷前，觀眾只看到自己；開騷後，模特兒一樣看不見觀眾，只見鏡中的自己。

時尚總是承諾著未來的鏡像（你穿上時裝就會變成怎樣、你穿故你在），一如現代社會總承諾前進的未來會是如何美好，但並沒有這種美好的鏡子——時裝騷最後，美好高瘦的身體離開舞台，中間一個盒子打開，飛蛾四散，肥胖的女體躺在椅子上，身體連接著各種管子……

鏡子另一邊的真相是甚麼？沒有人知道，但唯有勇於面朝時代廢墟的抒情詩人，如麥昆及波德萊爾，願意將現代生活裡瞬間消逝的死亡印記，展現給世人觀看，讓世人從中思考：真相到底是甚麼？

2

歲月長衣裳薄

時間的消逝體現在時裝上，是另一種物哀觀。上世紀八十年代起，一衆設計師都在衣飾裡體現時間的痕跡，一如三宅一生的禪意，一如川久保玲刻意鬆開織布機的螺絲，使成品無法估計其最終面貌，一如馬丁・馬吉拉在細節顯露過往不被知悉的製作過程。表面指涉衣服的不完美，最終也回歸穿衣者自身：身體本非完美與不朽之物，此所以川久保玲的設計千瘡百孔，此所以馬丁・馬吉拉老在耍透露時日痕跡的小把戲。

衣之皺褶與迷宮之城

其一：萬物皆皺褶

在這個城市裡，一些事情如像來回往復，坐困愁城。這天從地鐵出來，沿山路而上，在扶手長電梯間兜兜轉轉，就是找不到目的地，終於找到了稱為此城創意新地標的建築物，走進一格一格創意裡，如進迷宮，找對了樓層，門號，又錯了座向，而連接兩座建築物的天橋並不是層層都有，又得在樓梯間兜轉。終於來到城中名店為支持新晉設計師而提供的短暫舖位，走進內裡，卻遇上另一種迷宮——那是衣之迷宮，也是城市的迷宮。

說的是獨立品牌A Tentative Atelier的二〇一四年秋冬系列，以皺紋為主題，將moulding技術用在皮革和新絲上，致令新衣長出了歲月的皺紋，但皺紋，又或皺褶到底是甚麼？

A Tentative Atelier，字面意思指向一個暫定的工作室，那就必然是關於轉變與流逝。「暫時」作為一種狀態，開放給所有可能性。由是A Tentative Atelier的設計總好像尚未完成，粉筆痕和線步都呈現給你看，原是內在的搭扣也坦然外露。還有還有，那如像舊衣般的皺褶之衣。

皺褶非平滑，所以不是一，而是眾多細細的褶痕，細細的漩渦，收納著陰影，也收納著你所不知道的奧秘。法國哲學家德勒茲言世間萬物皆皺褶，如蝴蝶折疊成毛蟲，毛蟲伸展為蝴蝶。種子舒展其褶則長出了樹，我們的大腦打褶，所以收藏回憶與思想。

意志之手

A Tentative Atelier的皺褶之衣上還有一隻手，超現實時裝並不新鮮，達利與時裝設計師艾爾莎・夏帕瑞麗一早都做過了。但這隻手在這系列衣物裡並不一樣，比如有一個clutch，一隻手放在上面，捏起了一撮布料，於是clutch上就有了如漣漪般散開去的皺褶。這樣設計師的心思就清晰了：時間之手掀起了甚麼，甚麼就有了皺褶，那不只是衰老，也是人生眾多散開去的故事。

德勒茲說迷宮就是典型的皺褶。阿根廷作家博爾赫斯的《小徑分岔的花園》說時間就是迷宮，因你每作一個決定，時間就分岔開去，你前方的命運也就不同了，如像迷宮般有了各種可能。

德勒茲從皺褶的疊摺與伸展看出差異共處。

那麼城市呢？此城如此小，但無論人心、街道皆如迷宮，兜兜轉轉，那就不妨想，我們不是坐困愁城，而是開放了無數可能性，那些皺褶一直延展，讓我們思索，讓我們兜轉，讓我們成了那隻手，在人生之衣上捏起皺褶。

其二：迷宮般的裙擺

皺摺在日常中無所不見，衣飾而言亦如是。在西方文化史中，繁複皺褶的高潮或許該由巴洛克時期說起。

巴洛克風格繁複、無限延展，都說衣飾反映世代，這也和歐洲強權於十五世紀大航海時代後不停擴充勢力有關。歐洲境內各國享受著從殖民地掠奪回來的各種寶物，各個新富也頗有暴發戶之姿，追求享樂與華美，與先前文藝復興時期的平衡與制約完全相反。戲劇性、華麗與誇張，皆是巴洛克風格。

非常相的圓

巴洛克風格的畫作總見女子裙襬層層疊疊，極盡華麗。比如說盪鞦韆的少女，裙子擺盪，翻飛的花邊與飾帶，還有一隻飛脫的鞋子，而畫面下方是崇拜她的男子，背景大範圍的樹蔭與層層堆疊的雲，回應著少女身上形態豐富的裙襬。那是法國畫家弗拉戈納爾的《鞦韆》（一七六七），當中有一種由衣飾、環境到情欲的延展。

由是畫面裡滿是一重一重連接或不連接的波浪。巴洛克一詞，源於葡萄牙語barroco、西班牙語barroco、法語baroque，全部指向「不規則的怪異的珍珠」，那是奇特而不規則的圓，那是非「常相」的珍珠，我們常認為，圓包含一切，但或許這種連續的波浪，這種摺疊—伸展，伸展—摺疊的不規則圓形，更把一切奧秘收歸其內。就如那盪鞦韆的女孩，裙擺搖盪，你總想看多些、總想看多些，但一切卻又未必會完全向你開啟。

不完全敞開之奧秘

無怪乎德勒茲寫皺褶，書名正是《皺褶：萊布尼茨與巴洛克》，這些日常可見的漩渦，好像有規則可依循，但又好像不斷破壞規則。想起本雅明寫詩人波德萊爾詩裡的死亡與情慾，特別提到詩人所記於街頭偶遇服喪女子：「身材修長，一身喪服，莊重而憂愁。／一個女人走過，華麗閃耀的手／提起又擺動裙襬的彩色花邊。」

那彩色花邊擺動，摺疊伸展，伸展摺疊，一切奧秘皆在其內。如像一種意味，叫詩人目眩，但人生的奧秘不是時時願意對你完全敞開。由是詩人如進入迷宮，那不只是情慾的迷宮，也是城市的迷宮——詩人與這陌生女子只有一瞥之緣，她就消失於人群中，無從尋找。

《韆鞦》有一種由衣飾、環境到情欲的延展。

地下水道與城市游擊

其一：不為人見的幽玄之美

我城總是太光亮，從山頂看下來、滿城閃爍燈光；我城又太隱晦，暗巷樓梯角，撲朔迷離而幽微，那不是直說故事，而是曲折之美。想到日本人深諳此種美學，故有幽玄之美的說法。那是含蓄、委婉、間接、朦朧、幽暗、神秘、冷寂、深遠，不是完全的明亮與清潔，而是有人居其間，漸漸累積的垢，是一種感受，也是一種渲染的氛圍，人雖處在暗處，但掩映有光。

暗處保留故事

我城太亮了，由是總忘了暗處更有故事。所幸本地獨立品牌MODEMENT二〇一四年秋冬系列，靈感來自大街暗巷裡那些滿佈鐵鏽和痕迹的渠蓋。MODEMENT這個名字以風尚（mode）與瞬間（moment）組成，有以時尚紀錄當下之意。有時各種品牌常嚷著如何呈現小城之複雜多元，倒更喜歡此種貼近生活本質的創作，我們每天走過，有誰又真的有留意並在意腳下的渠蓋？

這一季的圖紋有模仿水流沖去的漩渦紋理，也有「之」字形的螺紋領圍衣，還有如像渠蓋上四方顆粒的的紋理。香港的坑渠蓋，其實面目眾多，各有紋理，也有印上自身身份與年份，既有Made in England、也有武漢鑄造廠。原來坑渠蓋更平等，倒是明亮可見的郵筒很早就因政治原因，全被髹成綠色了，充滿殖民地色彩的紅郵筒早已不復見了。

有時一些故事在暗處，似乎能保留更久。

日常積垢與流逝

日本人從日常用具之磨蝕與積垢，看出時間的流逝，谷崎潤一郎於《陰翳禮讚》裡說得好，風雅就是垢：「也許正是因為我們愛好人間的污垢，油煙，風雨斑駁的器皿，乃至想像中的那種色調和光澤，所以我們居住那樣的房屋，使用那樣的器皿，奇妙地感到心曠神怡。」

谷崎潤一郎從日常的積垢、陰翳中，發現了美之所在，所以他說：「改用稍稍暗淡而柔和的東西，也許更適合我們的需要。」由是每次走在小城道路中，總覺得那些為人們的步伐、雨水所磨蝕的渠蓋，似乎比那些新又新的高樓，更能說出此城的故事，以及城裡人們的日常人生。

其二：蔓延開去的隱喻

我城大概有兩種價值，一種垂直、向高空發展，霸氣、直接而顯淺，一種縱橫糾纏、如網如織。形象化而言，前者見於不停拔地而起的高樓大廈，後者或可以隱而不見的地下水道作比喻。本地獨立品牌MODEMENT今年秋冬系列，靈感來自大街暗巷裡那些滿佈鐵鏽和痕迹的渠蓋。而渠蓋下方，則是我們未能見的世界——那是去水道組成的世界，每掀開一個渠蓋都可以是一個出口與入口，無所謂中心點，這些渠道連接起整個城市，一直蔓延開去。

去中心的地下莖

想起一則關於揭起渠蓋的舊聞：二〇一二年，北京下起六十年來最大的暴雨，多個地方水浸。有網友踢爆街上的坑渠原來是假的，只有渠蓋，而下方沒有去水道。原來任由城市如何先進，如果基建不足，也不能改善民生。這傳聞孰真孰假也不打算去考證，只是想說這些幽玄的角落，並不因為其隱而不見而變得不重要。

地下交纏的通道四通八達，說來實在太有趣了，叫人想起法國哲學家德勒茲與精神分析學家瓜塔里所論及的「地下莖」。這詞聽著陌生，其實只要想起薑、土豆等植物，它們的根莖在地底交纏，非向上生長，而是匍匐狀蔓延式生長，只要抽著其中一個根莖，拉上來累累墜墜，愈拉愈多——地下莖作為隱喻，與我們所習慣的向上生長的高樹隱喻太不同了。

當我們談到樹，樹幹就是中心，然後枝葉散開，但地下莖倒不一樣，你掀開任何一個渠蓋，都可以是出口與入口，你不能說它偏離中心點，因為任何一個渠蓋都可以視為中心。從這個設入點你可以遊走於多方，不一定只有一個看法才是對的、不一定只有一個政權才是中心、也不是人人都得遵循一套價值觀。

城市游擊戰

很有趣對不？當我們看著城市到處是地盤，一會兒沒經過的區域忽然「長」出了高樓，我們也漸漸膜拜如大樹般向高發展的高樓價值觀。或許我們該低下頭來，望望腳下的坑渠蓋，想想此城的去路。

地下莖的邏輯可以放在任何層面上去思考，比如說，游擊戰就是地下莖模式，在哪一點也可作戰，沒有基地，如像游牧般遊走，在任何一點也可打突襲，也不一定需要一個領導者或中心權力。你有甚麼想反應、想表達，你就連結志同道合的人去做，不一定要跟隨別人定下的綱領，也不需為他人的進與退而失卻了自己的步伐。

物哀

桃花難畫

胡蘭成自述身世之作《今生今世》第一句就是「桃花難畫，因要畫得它靜」，此話盡得中國舊學之風流。胡後來長居日本，深諳「侘寂美學」，以及本居宣長所論說的「物哀」。桃花盛放、終有凋謝，侘寂不是極致的美學，凡事太盡，終當無以為繼，「物哀」就是對「物」有所感，有所哀。日本人的「侘寂美學」及「物哀精神」體現在時裝上，一如胡的桃花寧靜可感。

侘寂是日本傳統美學，「侘」常用於茶道之美，指清淡但高質的茶，字面解釋是簡單樸素的樣子，「寂」意指隨著時間逐漸惡化。因此揭示了真相：殘缺、無常、不圓滿。日本時裝擅於揭露身體並非完美此一真相，由三宅一生的皺褶時裝、山本耀司不對稱的設計、川久保玲突起、膨脹的衣裙，到新一代的日本設計師的作品，都一樣可以窺見侘寂美學的身影。是的，這與物哀有暗通之處：穿衣者（主體，內在）與「衣」和「物」（客體，外在）交織著共振與同情。

哀矜而勿喜

「物哀」之說，由本居宣長始，原是島國之人想擺脫中國道統影響。日本長期受漢文化，特別是儒家文明影響，故本居宣長發展出「知物哀」之說，想要確立日本獨有的美學。物哀，不見「我」字，但實有「我」在其中，由「哀」字見之。「物哀」者，意即透過身外之物事，抒發自己之哀戚有感。一如日本人喜歡櫻花，不只在其美，更在其稍縱即逝，寄託日本人處身茫茫人世，驚覺此身是客的哀傷。這種美學放在時裝上，穿衣者是主體，衣與物是客體，穿衣者以衣飾體現生死哀戚，如同物哀。

「物哀」是日本人顛覆漢文化而成，但日本對儒所知實不透切，不理解儒家的經典之一《詩經》就有「如得其情，則哀矜而勿喜」之說。更不知中國在儒之外，尚有道，尚有九流十家，尚有從西方（印度）傳來的佛學。日本人只見一生出二。「物哀」無我，其實中國的無我，早已有我在其中，「感時花濺淚、恨別鳥驚心」，由外物寫內在的感情，就是我寫萬物、萬物皆著我之色彩。

身體的短暫美

衣服與死亡總會拉扯上關係，故人遠去，留下的衣服如何處理？村上春樹小說《東尼瀧谷》裡，妻子的生存就好像是為了買衣服，她戀物，在丈夫輕責後，決定把新賣的衣服拿回去退掉，回程路上因想著剛退掉的衣裙，出了車禍。

伊人逝去，留下一室華衣，男人聘來身型與妻相若的女子，穿上故衣在家裡遊走。一如幽靈，終究男人敵不過孤寂，辭去女子，售出一室故衣。那是對著一室華衣思念故人，但紅顏卻不若華衣可以保存，最後全部不要，連悲傷的載體也不留。《東尼瀧谷》說的是一個新故事，但故事是與日和民族的「短暫美」一脈相承。

時間的消逝體現在時裝上，是另一種物哀觀。上世紀八十年代起，一眾設計師都在衣飾裡體現時間的痕迹，一如三宅一生的禪意，一如川久保玲刻意鬆開織布機的螺絲，使成品無法估計最終面貌，一如馬丁・馬吉拉在細節顯露過往不被知悉的製作過程。表面指涉衣服的不完美，最終也回歸穿衣者自身：身體本非完美與不朽之物，此所以川久保玲的設計千瘡百孔，此所以馬丁・馬吉拉老在耍透露時日痕迹的小把戲。

幽玄之美

日本人因著對生活於其間的風土人情有所感，故衍生出各種對美的意識，從日常生活、民族精神，到各種儀式，皆可體現這些美學，而漸漸形成「物哀」、「空寂」、「閑寂」、「幽玄」等等範疇。這些都是幽微、幽深、曲婉之情，是的，重點在「情」字，因有所感、因有所念，故在一瞬間，如有所悟。

微暗朦朧薄明

二〇一四年秋冬多場時裝騷，記憶最深刻的始終是Alexander McQueen，或許就是在於高原荒脊裡那晦暗不明的光。

日本美學家大西克禮在《幽玄論》就說過，「幽玄」是「微暗、朦朧、薄明」，也是寂寥與深遠。要確實說是甚麼，那是很難的，但要說幽玄不是甚麼，比較容易，那不是全然的光明，不是全然失重沒有歷史感的輕薄世界。

白光容易使一切抹平，又容易使一切層次分明。幽玄者，其實是過渡，是最薄透的光滲滿浮塵之時，也是黃昏剛盡，銜接黑夜之時，那是山水化開時的濃淡之感。

是的，是渲染，甚或可以說，是一種如魅隨行的虛妄之感。

夢無緒的世界

Alexander McQueen二〇一四年秋冬系列，高原巫女在暗夜山野中獨行，又漸漸聚集成圈，如同進行古老的儀式。設計師莎拉・伯頓延續了Alexander McQueen已逝設計師麥昆的精神：從衣及人，以時裝懷念一地的過去。

當模特兒慢慢在微光中走過來，你未必能看清細節，卻感覺到那種氛圍，然後她背後的其他高地巫女，或因背光或因遙遠而漸漸模糊。整個系列，光明有處，黑暗有處，兩者之間的過渡，營造了一種氛圍，如夢如魅。

這就叫人想起谷崎潤一郎的《陰翳禮讚》，他說：「女人總是藏於暗夜的深處，晝間不露姿態，只是如幻影一般出現於『夢無緒』的世界。她們像月光一樣青白，像蟲聲一般幽微，像草葉上的露水一樣脆弱。總之，她們是黑暗的自然界誕生的一群凄艷的妖魔。」

這竟如此契合Alexander McQueen的高地女子——而谷崎潤一郎又說：「一旦天亮，這些都消逝得無影無蹤。他們認為，這就是女人。」

舊衣
垢之明暗

日本的幽玄美學，微暗、朦朧、薄明，寂寥與深遠，卻自有一種魅惑感。這亦是谷崎潤一郎所言之陰翳，那是光與暗、潔與垢的層次。谷崎潤一郎說：「美，不存在於物體之中，而存在於物與物產生的陰翳的波紋和明暗之中。」這種潛隱與暗淡之影像，放在穿衣與穿衣人之上，或許就是電影《東尼瀧谷》裡所呈現的，也是攝影師奧諾黛拉《舊衣畫像》所帶來的光影體驗。

新衣與舊衣的分別，大概在於其「垢」。一切用舊之物，都有垢，那不是指向污漬，而是人在其間的痕跡；喜歡谷崎潤一郎所言，帶有人的污垢、油煙、風沙雨塵的東西，統歸會令人感到心平氣和，精神安然。尤其是將這些東西安置於居所之中，顯現了人與物之間的親切之情。

光之造化

但若穿衣人早已不在呢？村上春樹的《東尼瀧谷》，愛衣成癖的妻子撞車死了，遺下一室華衣，丈夫聘來身型相當的女子，穿上妻子的衣服在家裡行走。小說後來拍成電影，滿是衣服的衣帽間成了妻子流連之地，成了丈夫想念亡妻之地，也成了女子在華衣間想望、感觸之地——這樣一場光之造化。

這些舊衣帶有故人的溫暖，但漸漸冷下去了，影片裡大量使用灰暗的冷色調，滿是孤寂的感覺，後來丈夫抵受不了一室華衣帶來孤寂感，全部變賣了。

但一個空空如也的房間，竟比充滿舊衣時更孤寂冷漠。所謂幽玄或陰翳，其實並非只關乎暗角黑影，那其實是有光的存在，是關乎舊物或溫暖之物如何折射光影，展現光與影的過渡，細緻的光、粗糙的光，俱在其中。

此所以谷崎潤一郎所言的陰翳美學，更在於溫潤的金器如何存有光，又或在於屏風如何將庭院的陽光、或遠方廂房的光引進暗室中。

舊衣如夢

攝影師奧諾黛拉的《舊衣畫像》，也一樣是於暗黑中訴說光。《舊衣畫像》脫胎自法國藝術家波坦斯基二〇一〇年的展覽——《沒人的土地》，廢棄舊衣平鋪成一個一個正方形，中間堆成一座山，一架紅色的吊臂車，把舊衣夾起又拋下，叫人直視存在與缺失。

奧諾黛拉為這些舊衣拍照，她把每一件都放好，如像有人在其間的，背對天空，逆光，然後拍下，相片充滿光與暗的角力，有說波坦斯基是被遺忘的證據之收集人，那麼，奧諾黛拉大概就是讓每一件證據獨自說話的人。

懸浮在半空的衣服，陰鬱，但卻同時有一種平靜，曾經的穿衣人的在與不在，都融進了一場光之造化，從最明亮的光到最幽玄的黑暗中，一切都在光與暗的過渡之中。

萬人如海一身藏

法國藝術家波坦斯基的作品《沒人的土地》將廢棄舊衣堆成山，穿衣者不在其間，但又叫人直視曾經的存在；日本攝影師奧諾黛拉的《舊衣畫像》與電影《東尼瀧谷》也都是一樣關於舊衣背後的情——人不再，衣如舊。人之存在有時藉由用過之物而展現，尤其是貼身的衣物，那跟著身形輪廓而展現的形狀。

被背景抹平

但有時，人又好像會淹沒於布料花紋之間而不得見。波蘭青年攝影師維爾尼克有一系列作品，就是關乎人如何淹沒於大背景之間。

維爾尼克拍攝家庭照、肖像，但與前人不同的是，照片的背景並不是在家裡、又或假山假水假欄杆，而是花紋牆紙。站在前景的人穿上與背景牆紙相近色彩或花紋的衣服，由是重複著同一圖像的牆紙，如像要把前景的人融合了、吞噬了，人就被抹平於牆紙之前。

這何嘗不是一種隱喻？在時代之前，在重複又重複的群體之間，人就消失了。維爾尼克此一系列作品是二〇一三年索尼世界攝影獎獲獎作品，同一個獎項的時事類，贏得最佳攝影的是俄羅斯攝影師皮塔勒夫。他拍下金日成誕辰一百周年慶祝活動——在觀眾席上，左邊是穿統一軍裝的軍官，右邊是男穿西裝、女穿傳統韓服的平民，右邊尚且有一點色彩跳脫出來，左邊則是個人都融成了大背景的其中一部份，難分難捨。

單一與群體

忽爾明白，那就是蘇軾所言的「萬人如海一身藏」吧。波坦斯基將舊衣堆成一座山，用一架紅色的吊臂車，將舊衣吊起又拋下，當舊衣落在山堆上，它就只是當中無名的一件，如千千萬萬其他舊衣一樣。但當它在空中舒開之時，它的獨特性、它曾經的故事，才忽爾展開。這大概也是為何奧諾黛拉會從這展覽中得到靈感，將波坦斯基收集回來的舊衣，每一件都還原成立體，每一件都獨立拍照。

單一與群像，其實當中自有其辯證。比如說電影《東尼瀧谷》，如果失去了妻子的丈夫，不是面對著一室華衣，而是對著一兩件亡妻留下的衣物，或許他就不用將之全部捨棄，再對比丈夫一直與社會保持距離的孤獨人生，人與衣就好像互相隱喻。或許由穿衣者、藝術家、攝影師到倖存者，我們全部都來往於單一與群體的拉扯之間，人生與藝術，其實相差不遠。

當椅子變成空凳

寫這篇稿的前一晚去了維多利亞公園的六四燭光晚會，在人海與燭海之間，頗有「萬人如海一身藏」之感。人在天地之間，多關乎安身，就算如竹林七賢，也會以天地為衣，無論藏身天地、藏身萬人如海、藏身蝸居、藏身衣服之內，人總需要承載其身之物。

缺席的公義

所謂「一身藏」，既是實物的承載，也是一種隱喻，甚或是兩者之間的存在，比如說椅子，它承受著人的形體和重量，也同時以其靜默展現人的缺席。二〇一〇年劉曉波未能出席諾貝爾頒獎禮領取和平獎，諾貝爾委員會便把獎章和證書頒給空椅子。那一張空椅，既指向缺席的劉曉波，何嘗不是指向缺席的公義？

由是想起梁秉鈞的〈靜物〉：「本來有人坐在椅上／本來有人坐在桌旁／本來有人給一盆花澆水／本來有人從書本中抬起頭來」，人去樓空，椅子、桌子、花盆、書本全都靜默，梁秉鈞問：「現在他們到哪兒去了？」這問題一問，就問了二十五年。

像這樣的空椅子有很多，像這樣被消失或被隔離的人也有很多，韓國藝術家李恩淑就有稱為《連・椅》（Chair of Understanding）的作品，相連的透明椅子上印了不同語言的名字，她給居於北韓而不能隨時見面的親友，留了一張椅子、一個位置。

椅子的位置

椅子就如房子，天大地大，人在當中棲居。若要談最懂得傢俱與人之關係的，一定是英國設計師候塞因・卡拉揚，他的二〇〇〇年秋冬系列After Words，一開始展台升起，五個坐在椅子上的人徐徐走去，留下了五張椅子。

另外一個場景，四個模特兒站在四張靠背椅前，她們將椅套拆下，變成了身上之衣，椅子摺疊了之後，就是手提箱，可以提著到處去。人在世上，也不過就是需要這麼一個位置，

但我們也不是必然能得到這樣一張椅子的位置。胡蘭成《今生今世》裡記下了張愛玲說的椅子的故事：「愛玲說美國流行神怪，有一本雜誌上畫一婦人坐在公園椅子上，旁邊一隻椅子，空著無人，她背後樹下一條蛇，那婦人沒有回頭看，只喚著『亨利』，真是恐怖。我問那亨利是給蛇吃了？她道：『是呀』。」

你還在，但你旁邊的椅子已經空了，你尚懵然不知，蛇正在窺伺著你，很快，另一張椅子也會變成空凳。

3

更衣對照亦惘然

時裝週也是一個大超市，所有東西都明亮、光鮮。老佛爺將這個系列命名為All About Freedom，他真的很聰明，你以為他說的自由，或許他說的其實是不自由。超市裡，如同甚麼你都能挑選，甚麼你都能購買，你可以這邊看看，那邊看看。你可以這個放進購物籃，那個放進購物籃，一天未到收銀處，一天你都可以放下再挑選過。

但其實超市此一空間，早就為你挑選好的一切，由甚麼貨品放上架，到甚麼類的貨品放那個區域，到你怎樣在其間行走，你會先看見甚麼貨物，都在其區劃之下。超市或真的是全有關自由，但那是何種自由呢？

更衣對照亦惘然

其一：浴缸觀察者

在哥本哈根時裝周上，來自丹麥鄉村的亨利克・維斯科夫將舞台設計成浴室的模樣，他的二〇一四年春夏系列名為「浴缸觀察者」。他在舞台上放上多面鏡子，甚至連走台步的模特兒也挾著一塊與人幾近等身的鏡子。不禁想起黃子平寫張愛玲作品中的衣飾，文章就叫〈更衣對照亦惘然〉，更衣指向時尚，對照需要鏡子，鏡像與衣飾有如孿生，關係何其密切。

是的，我們通常都是穿戴好才站在鏡子前，如果裸體相向，總會覺得哪一部份的自己並不滿意。而鏡子裡邊的我們，其實與站在鏡子前的我們並不一致，物理距離可能很近，但心理學和美學的距離卻可能很遠。

我與鏡子

精神分析學家拉岡提出「鏡像理論」，指出嬰兒在出生六個月後，便能在鏡子中辨認自己，繼而開始有了「我」的意識，開始思考這個身體與外間的關係應該是怎樣的。進入鏡像階段後，人生不再只是內外不分的混沌狀態。開始觀看鏡裡的自己，開始對成為怎樣的自己感到焦慮。

不是麼？這體現在時裝裡就最為明顯，我們總是汲汲於追尋時尚。這是觀看的時代，是視覺文化的時代，在我們從未真正見過或碰過那些衣服之前，我們就愛上它們了。因為雜誌封面、因為舞台上的模特兒，也因為銀幕上的形象，是的，鏡子不一定指向實體的玻璃產物，而是任何可以反映自身之物，雜誌封面、舞台、銀幕和屏幕，何嘗不是鏡子？我們總是望著它們，冀望能成為鏡裡的影像。

時尚流行與否，要不就是關於開創了新的身體概念，要不就是符合世代對時尚的看法，一如上世紀二十年代的女男孩形像，正是一戰後女子所希望的新身份；一如近來愈來愈纖瘦的男裝設計——瘦削的身體變為人人希冀在鏡子中看見的形像。

身份：鏡中廢墟

有些時裝設計師，走得太前，不符合大家想於鏡子裡看見的自身，由是失落於時代。二戰後，世界處於瘋狂膨脹時代，豐乳肥臀幼腰身重回大家的視線。克里斯汀・迪奧被譽為新風貌的「花冠系列」深受歡迎，與此同時，被可可・香奈兒喻為真正設計師的克里斯托巴爾・巴倫西亞加雖比旁人走前了至少十年，但卻得不到更大的歡迎度。在新風貌流行時，他推出腰部膨脹的酒桶設計，還有各種不對稱剪裁，這些大膽的設計要到十幾二十年後日本力量，才開始衝擊歐洲的穿衣習慣。

身體並不是完整之物，身體更傾向碎片多於完整。年輕畫家海迪・安迪森的立體作品正是最佳的解說：相框裡的女孩，臉部是由整齊的鏡子碎片組成，但裡邊卻是顛倒與錯置的臉容。光線折射玻璃的影像，是否就是我們的真相？

不只身體，連隨身體而來的身份亦同樣破碎，而不是整體的「一」，已故巴勒斯坦詩人達維甚這樣寫身份：「身份是我們的文化遺產而不是我們的繼承權，是我們的發明而不是我們的記憶。身份是鏡子的廢墟，當我們照見自己的形象便立刻破碎……」

Dior的新風貌符合戰後女性想從鏡中看見的自己。

巴倫西亞加走得太前，你信這是五、六十年前的設計麼？

其二：鏡子另一邊的空間

櫥窗裡的衣服與此身的距離，並不如我們所想的那麼近。傅柯說得好：當我們穿戴整齊，望向鏡子時，一個虛擬的空間就被打開。時尚行業如人與鏡子的對照記，穿衣者總在其間尋找自己的理想形象。時尚行業的場所，無論是時裝周的舞台，品牌的店面或櫥窗，或是任何衣香鬢影的場合，可能都只是穿衣者的衣飾烏托邦。

早於數百年前時尚的本質就被掀開，一七九四年，英國諷刺漫畫家和版畫家詹姆斯・吉爾雷畫下名為《追隨時尚》的諷刺畫。畫中有兩個女子，一樣穿當時流行的高腰線裙子，但一個身材高挑，一個矮胖，同樣的衣飾卻盡顯兩極效果。吉爾雷諷刺的是當時的商人家族有意模仿倫敦西邊的貴族衣飾，一如今天每個女子總有一個IT Girl作為模仿之人，但畫家的用意頗令人莞爾——恍如拉岡的鏡像理論，鏡子裡的理想形象，與真實的身體總有距離。

時尚之反動？

時尚販賣的不一定全是這樣的鏡像，但必然是在這基石下，時尚產業方能發展。每年時裝周上的模特兒就全是身型不合常理、你並不會於街上看見的人。比如說二〇一三年Yves Saint Laurent男裝秋冬系列，設計師赫迪・斯萊曼起用女模特兒及獨立音樂人行騷，惹來言論。表面上好像帶來了新氣象，但其實那些模特兒及獨立音樂人都是瘦削身型，正暗合近年愈演愈烈的男裝形象。

時尚場所就是這樣的一個異托邦（Heterotopia），傅柯認為異托邦是一個可與現實參照的空間，「異」（hetero）之所在，具有其反動的意味，但有時在時尚場所裡這種反動未必能發揮作用。所有拉扯的力量都被消解，或跌入永恒的無力感。這樣說來似乎有點犬儒。

尚記得柏林頑童柏德烈・摩爾二〇一〇年秋冬系列，他起用流浪漢做模特兒，揭示社會不同階層間的鴻溝，意在把民生問題帶到時尚層面，雖然設計師的嘗試轉瞬又被吸收進時尚的大敘述中，但又似乎留下了一絲漣漪。柏德烈・摩爾的時裝騷就如傅柯口中的異托邦：它是鏡子，但照出的並不是我們想成為的自己，而是一個提供了與現實人生相對照可能性的場所。而世上並不是所有事情、所有空間都如我們所見到般一致，華美的時裝有時也打一個岔，往另一邊去了。

時尚之異質時間

異托邦的「異」除了指向空間外，尚指向異質時間。異質時間並不是一般所理解之線性時間。時尚的時間是關於未來的，因它總是走在前方，每一年都做著來年推出市場的設計，每一年預告的都是來季之風潮；但時尚也是屬於過去的，各種以前的服飾、觀感總是一再重覆回歸。但時尚又是稍縱即逝的，那是短暫的狂歡。

最體現到這種異質時間的就是古服。古服店是衣飾的博物館，各階段的時間都壓縮在哪兒，各時代的流行都並置在同一空間裡，但在裡邊淘古服的，卻有更多是為著要站在時間或潮流的前方，有如幽靈飄蕩於大都會的名店街。

吉爾雷畫於一七九四年之諷刺畫《追隨時尚》。

精神病房裡的身體

不同於其他時裝騷，一開始兩個全身穿白的模特兒跟著另一個女子走出來，此後這兩個穿戴整齊的白衣女子常常出現，穿插於穿其他樣式衣裙的女子之間。白衣女子頭戴如消防帽般的白帽子，而那些如同被她們監管著的女子們，有的頭髮凌亂，有的眼神幽怨，有的睥睨人世。

這是意大利品牌DSquared 2在米蘭時裝周展示的二〇一四年秋冬系列，舞台背景是精神病房的場景，女子手上及腳上戴著手帶和腳帶，打上了病人的身份印記，背景音樂來自兩部精神病主題的影片《移魂女郎》以及《灰色花園》的插曲。

這個系列的主題就是精神病房，或許應該說，主題是身體的秩序與非秩序——當三人走在台上，不知怎的，總覺得整齊權威的兩位白衣女子，恰似那混亂女子的另一面，所謂精神病，或許也只是我們可不可以和他人，又或和自己的數種面目，安然相處。

身體有時總不是只有一個，身體總在和自己或和他人的互動中，衍生繁多。墨西哥詩人奧克塔維奧・帕斯有詩名〈接觸〉，他接觸情人的身體，他說：「撥開你身體外的許多身體／我的手／替你的身體創造出另一身體」。達維甚的詩說：「身份是鏡子的廢墟，當我們照見自己的形象便立刻破碎……」

我們的身體原非完整，破碎有時，增生有時。而普拉斯說女子寂靜地活著，她「無所憑藉，像瓶中的胎兒，／廢棄的屋子，大海，平壓成圖片／她多向度的身體無法進入。」

我們多向度的身體在愈來愈平的世界，就如處身精神病院，在世人觀看的舞台上，失序與秩序同時打了照面。

瘋癲與時尚

其一：精神病院的唯美

上世紀五、六十年代，傅柯寫下《瘋癲與文明》，揭露瘋癲並不是一個固定的概念，總是隨時間、文化而轉變，或許唯一不變的是我們總意圖用理性、規範的字詞，去形容本就捉不緊、滑動的一種精神狀態（這大概也是為何我們永遠無法明白瘋癲）。

瘋癲，或後來的所謂精神病，若放在美學上而言，大致可分為兩大類型，其一是如狂野酒神戴歐尼修斯那樣展現瘋狂自由之姿，但這又常常為現世之規範所囿，變成一種被理性拉扯的瘋狂，痛苦不已，此所以由酒神而起的古希臘悲劇總帶哀悼意味；其二則是唯美、與世隔絕之精神世界，大多以純粹而乾淨的畫面呈現。

不為俗世所容

這種精神狀態也呈現於時尚，今年秋冬系列有DSquared 2的女裝，主題正是精神病院。DSquared 2的女裝所展示的精神病院是這樣的：一行三個女子走出來，在兩個穿一式一樣制服護士的監管下，站在中間的是桀驁不馴的女子，手上及腳上戴著手帶和腳帶，打上了病人的身份印記。她頭髮淩亂、眼神幽怨、睥睨人世；卻對比出了她兩旁、規訓著她的女子之空虛。

而 Craig Green 二〇一五年春夏系列，也一樣從病人服飾中取得靈感，主題雖然不一定有關瘋癲，但當中赤腳的美少年，穿上或白或藍的純色衣服，有的長衣飄飄，仙風道骨，有的背著帳帆，如像流浪之人，或浪遊的幽靈，彷彿在尋索歸宿，帶有一種傷感而唯美的氛圍。

如此場面，觸目所及，滿場都是白衣、藍衣、黑衣少年，從飄逸不凡的衣著到精神上的唯美主義傾向，從色調的純粹到精神的潔淨，總叫人想起那些過份偏執的精神病患者（如果我們認同現代醫學與心理學對精神病之定義），這就難怪他們不為俗世所容。

救贖的意味

這些偏執少年在想些甚麼呢？瘋癲作為各種藝術的靈感，或許我們可以由電影中去尋找答案。比如說數年前的韓國電影《機器人之戀》，由鄭智熏主演，同樣是講述精神醫院的故事，畫面一樣唯美。

電影的情節在精神病院裡展開，少年以為自己可以偷取別人的思想，少女則以為自己是機器人，這兩個人在拒絕與外界接觸的精神病院裡相遇，溝通或無法溝通。也唯有在這兒，她與他的差異才得以「正常地展現」，他們的病服帶有一種棉和麻泛黃的暖意，也許不及Craig Green的病服系列那麼明亮耀眼，但唯美依然，也多了一點救贖的意味。

故事發展下去，少年以一種現世人生所無能明白的方式，安慰了少女，那種在溝通與無能溝通間的情節，是否也或多或少叫我們想起，在「正常」的世界裡，我們有時也一樣失落於與他人的溝通之中。電影劇照中，有一張是少年與少女用紙杯製造的通話器對話，而其實無論是病院內還是病院外的世界，都一樣是關於人與人如何相處的世界。或許相處的意義，其中一點，就關乎你能否明白他人與你的差異，在這基礎上才能談平等的相處。

其二：在瘋癲與文明的夾縫

警鐘長響，兩名穿護士服的男子拖著一個穿病人服的人從天橋上走過，燈光亮起，就看清了天橋的盡處是一處如籠獄又如鳥籠的地方，衣著時尚的男子一個一個走出來，可以看出他們的衣服上，有一些細節以病服作靈感，比如說皮帶與夾棉病服後方寫有Caten's Penitentiary的字眼，Caten是兩位設計師之姓，Penitentiary則是監獄，是的，精神病院總是容易讓人聯想到監獄，那是身體之囚禁，也是思想之囚禁。

這是今年Dsquared 2秋冬男裝系列的時裝騷，將囚禁與瘋癲的元素放進時裝裡。縱觀西方歷史，以囚禁與規範作為手段去管理精神病患者，其實早已有之，上世紀六十年代，傅柯就寫下《瘋癲與文明》，從世人對瘋狂的監禁手法去反觀文明，也以此整理出「權力系譜學」。

文明另一面

由古希臘到現代歐洲，整個西方文明社會都是建立在長期對行為控制這種體系上。而當我們精神上遇到這種控制，就會出現對這種秩序的反抗，從而找到另一種缺口，去衝擊所謂的文明。特別是第一次世界大戰之後，人們因戰爭而重新思考自身，在藝術形式上多有反抗，形成了文明建制以外的文化活力。

文明是建制，要世人服從制度。在此種長期控制下，文化就會在抑壓下變成千人一面、千篇一律，也惟有反抗帶來衝擊，才能看到秩序與規範以外的可能，由音樂、文學到各種藝術，經典以外的文化乃有了另一種詮釋。

而隨著兩次大戰，大家開始質疑這種以囚禁與規訓來刪除社會上的無序的方式。到了上世紀六十年代，眾人更是意識到要反精神病標籤，由是有傅柯的《瘋癲與文明》，也有垮掉一代的肯・克西的小說《飛越瘋人院》（後來也被拍為同名電影），這也為其後連串社會運動（從反越戰到愛與和平運動）掀開序幕。

我你有無問題

當一個時代，有太多人對社會上的秩序感到不滿，他們就很容易被拉扯於現實與理想之間，也被認為是失序的一群。想起十五年前的一套電影，安祖蓮娜・祖莉與雲露娜・維特主演的《我有無問題》（Girl, Interrupted，又譯為《女生向前走》、《移魂女郎》，但似乎哪種譯法也不能完全切合原題的意思），這電影被稱為女裝版《飛越瘋人院》，改編自蘇珊娜・凱森的同名自傳小說。凱森十八歲時在精神病院住過十八個月，這個故事就是關於她親身經歷的各種事情。

瘋癲是一個統一的詞語，在這詞語下大多人的面孔都被歸類為一種（一如在「正常」這標籤下，我們都失去自己的臉孔）。電影裡一眾年輕女子各有問題，她們都因或此或彼的原因，無法與外界和平相處。雲露娜．維特飾演的主角在看過了病院裡其他女子的人生與心結後，最後回到病院外的世界，過著原本她所鄙視的人生，明白成人的世界有所妥協與壓抑。

時值一九六七年，年輕的一代很多都陷於現世的壓力與虛無感之中，在那樣的時代，無法讓自己與世界和平相處的年輕人有太多太多，也不只是《我有無問題》裡的一眾年輕女子，那是歐洲青年在成長過程中，拉扯於現實與理想之間而形成的瘋狂狀態。這些六十年代有關精神病標籤的反思，也成了當今理解權力方式的憑據。

其三：哈姆雷特兩種瘋狂

如果要談瘋癲，就不能少了經典——《哈姆雷特》真是奇特的故事，莎士比亞憑此劇奠定了戲劇家的重要地位，但又如同希臘悲劇，他總會留一席位置給瘋狂的角色，如像先知、或預言家般的瘋子總會穿插出現。

瘋癲有很多種，每人的故事都不同，單是《哈姆雷特》，已看出了數種層次，比如說哈姆雷特最初裝瘋，但誰能肯定他最後沒有陷入瘋狂與偏執中嗎？那又是何時開始起了變化，何時開始陷入瘋狂？而奧菲莉亞的瘋狂則又是另一種悲劇：一種深深的憂鬱，慢慢沉下河底的女子，她甚至成了一種美學上的形象。

搖晃的主體性

《哈姆雷特》最為人熟知的一句話，就是「生存還是毀滅，這就是一個問題」，但to be or not to be好像如何翻譯成中文，都一樣不夠傳神，只因為be在英文中有生存之意，又有存在之狀態的意思，只好直用英文了。

當哈姆雷特陷入to be or not to be的深深掙扎之中，無法自拔時，他的精神狀態因此而搖晃不定，這或許就是瘋狂之所在。或者可以這樣說吧，to be or not to be，正是一種不知如何選擇的雙重性，尚記得《哈姆雷特》裡的鬼魂，以哈姆雷特父親之名出現，告訴哈姆雷特自己被殺，但誰又清楚這真是哈姆雷特父親的鬼魂呢？這鬼魂的出現如同反照哈姆雷特的厭世與生存困境的一面鏡子，也如同催化劑，直接觸發了哈姆雷特醞釀已久的精神蛻變——他的「主體性」逐漸消失了。

魅影：物與「無物」

德里達就曾分析這鬼魂，並杜撰了「幽靈性」（又譯為魅影、冥視）這一個詞語，意指一種令人不安的雙重性與不確定。鬼魂也者，是無法定義的情狀，盤據於「在」與「不在」、「顯現」與「消失」之間，既指向有某種曖昧形體之物，又指向「游離」在形體之外的「無物」，無怪乎哈姆雷特在瞥見自己的處境後，會逐漸陷於瘋狂。

《哈姆雷特》另一個瘋癲角色更叫人心酸，那唱著歌兒、失足墮入小河的奧菲莉亞，你沒法說清她是因瘋癲而失足，還是因厭世而故意墮河，只是她那隨河飄蕩的形象早已成了一種美學的形象，英國畫家約翰・米萊筆下的她固然成了經典，其後眾多電影裡墮河女子的形像，也可以說與她深有關係。

電影《世紀末婚禮》的海報中，穿婚紗的女主角浮於湖面，一看就認出了是奧菲莉亞之化身。時裝品牌 Korlekie 二〇一四年春夏系列，恰好就是以奧菲莉亞的形象來演繹，只是這個奧菲莉亞，兩眼通紅，帶點「復仇女神」的意味。是的，事隔經年，何妨以時尚讓奧菲莉亞直面命運，狠狠地復仇。

外化的狼

其一：人性與狼性

兒時看《小紅帽》，為女孩捏一把汗，也對女孩的紅色連帽斗篷印象深刻。年紀稍長，對那頭狼，倒有了更多理解，以及諒解。如果再要把自己代入這童話裡，也不知自己是那乖巧而誘惑、假裝一臉無辜的小紅帽，還是那看似兇惡，卻可能是我們任何人心底裡其中一部份的狼。人性與狼性，真是恒久的主題。意大利設計師安東尼奧・馬拉斯二〇一四年秋冬系列，就是從我們心底的狼出發，在狼性與人性之間拉扯，呈現了充滿張力的時裝。

暗夜有狼　朝著紅月

馬拉斯的設計總是充滿戲劇色彩，這不是他這一次從文學中取材，上年秋冬系列，就從英國文化圈 Bloomsbury Group 獲取靈感，而今年早春系列取材自智利詩人聶魯達與第三任妻子的愛情故事。這一回則是與狼共舞，從眾多與狼相關的文學作品中，創製出一系列以狼為喻象的衣服。

馬拉斯的狼是黑白異境裡的狼，黑白裙子上，兩頭朝向紅月嗥叫的狼。紅月是甚麼？那是匿藏於人類心底的慾望，或許也是人類的原鄉——那是壯麗的荒蕪，寂靜的沙漠。人有心魔，就像荒野中那頭狼，沉鬱、衝動、孤僻。

想起德國詩人、小說家赫曼·赫賽在一九二七年寫下的《荒原狼》：青年哈利黑勒與外在世界格格不入，心裡常有一隻原始的荒原狼要爆發出來，卻又不得不壓抑著，真是矛盾與抑鬱至極的人生。小說裡滿是人世的荒謬，其中一場，哈瑞在如幻夢一般的劇場中馴養狼，同時狼也在馴養他。荒原裡的狼原像人生陰影，總是追隨著你，但你並不能把心底的狼給驅趕。

撒丁島無狼　夢中有

但人生總需要或多或少的狼性，那是人之所以作為人的原因，那也是人內在的衝突，是人類自己的剖白、夢境、幻想、隱喻、象徵，也是人生矛盾的張力。

馬拉斯的狼全是有所慾望、被原始之聲呼召的狼。你看見牠們的側面，看見牠們張開的嘴，牠們長嗥，但月亮沒有回應。那些血紅色、閃金色的衣裙，上面滿是裝飾，神秘又隆重，如同古老的儀式。

馬拉斯本人來自地中海的撒丁島，那兒並沒有狼出沒，但他說：「撒丁島沒有狼，我們的夢中有。」

其二：小紅帽今夜沒有狼

二〇一四年秋冬系列，意大利設計師馬拉斯和Dolce & Gabbana都一樣由狼與小紅帽的故事出發，前者更著重人性裡的狼性，小紅帽雖然缺席，卻由紅月取代了小紅帽所象徵的慾望，也暗暗契合著小紅帽的紅色。而Dolce & Gabbana則更像是小紅帽的成人禮，狼雖然缺席，但完全長大的小紅帽，依然肆意誘惑。

內化了男性的凝視

在Dolce & Gabbana的時裝騷裡，長大了的小紅帽煙視媚行，各有姿態。有的早已換上各式裙子，有的依然穿著連帽斗篷，但卻早已不是簡單可愛的款式了：或是暗紅有金色刺繡，或是綴滿華麗亮片、或是整件皮草製成（不禁暗想，那會是狼皮嗎？那可真是充滿危險意味的小紅帽呀）。不變的卻依然是模特兒臉上那不諳世事的天真神情，那也是多年以來，變種的小紅帽與狼的故事裡，依然保有的小紅帽特質：不世故、不諳人世艱險。

狼在這兒沒有出現，裙子上倒是有貓頭鷹、小狐狸、天鵝等圖樣，A-Line剪裁的五分袖裙子，感覺甜美。但完場前，一眾女子穿著綴滿金屬亮片的裙子步出，有的頭上戴著紅色斗篷變奏而成的帽子，綴滿冷硬的寶石，其實那更像頭盔，恍若一群穿盔甲的女子向著世人走過來，臉上的天真也換上了冷峻神情。

由天真的小紅帽、嫵媚的小紅帽、到橫眉冷對人世間的小紅帽，女子從來不是那麼平面，就算沒有狼，女子的世界一樣充滿層次，因為當女子成長，狼早就成為她們觀照自己的方式。約翰・伯格談「男性凝視」，就說到女性會內化了男性的凝視，時刻令自己看起來迎合男性的需要。

在青澀與成熟之間

那內化了的凝望，審視著女性的男性視角，豈不就是狼（及狼性）？越看越覺得慾望就是凝視著女體的狼。小紅帽就是透過狼的視野，反觀自身，將自己化為慾望之物。但可別忘了，小紅帽同時亦擁有顛覆一切的能力，在童話裡，最後死去的是狼。天真而危險，誰也猜不透小紅帽的心思，她其實比狼更複雜。

小紅帽之所以歷久而不衰，大抵就在於小紅帽總是處在青澀與成熟之間，時而作小女孩狀，時而猶如成年女子散播誘惑。這一趟，梅尼科・多爾奇與斯蒂芬諾・嘉班納這兩個意大利男子，設計了那麼多的裙子，其實，把它們混合在一起，正可以呈現出立體的小紅帽：從此身到彼身，從被動到主動，從天真到誘惑，原來全部都分不開。

超市時尚學

其一：日常裡的超現實時刻

超市到底是一個怎樣的地方？或許在日復一日的購物經驗裡，我們早就忘了發問。超市對我們而言，只是日常生活裡非常普通的場景。而曾令愛德華八世不愛江山愛美人的奇女子溫莎公爵夫人，卻並不是這樣想，她說：「我從未試過去美國時不去超市，對我而言它們比時裝店更夢幻。」超市與時尚，原來隱隱然有所聯繫，一樣指向夢幻人生。

而老佛爺卡爾・拉格斐則說：「超級市場是當代社會的象徵，如同是日常生活的普普藝術版。」與香奈兒二〇一四年春夏時裝騷將巴黎大皇宮變身為現代藝廊不同，秋冬系列All About Freedom，則將巴黎大皇宮變成香奈兒超級市場，那是日常（或者應該說是日常裡的超現實時刻）與高級時裝的結合。

貨架裡的夢幻人生

在此一系列裡，香奈兒的衣服還是那些從可可・香奈兒的經典中變奏出來的款式，不是不好，看了這麼多年，倒也乏善足陳。倒是更想談談老佛爺選了超市這麼一個場景。那些女子，頸上還掛著耳機，手裡提著購物籃，好像就是真的剛好走進了超市裡，面容姣好，穿戴整齊，看似各有性格的女子們在超市裡縱橫交錯。超市與時裝，多有趣的並置。也讓人想從中誤讀更多。

一九七五年的美國老電影《複製嬌妻》裡有一幕正可跟這場超市時裝騷並讀。電影是關於一對夫婦從曼哈頓搬到高級住宅區史坦佛，妻子發現那些主婦們行為奇怪、沒有個性，後來才揭露她們都被改裝成機械人，而她的丈夫也受到唆擺，想擁有一個千依百順的太太。結果這個妻子也變了機械人，當然結局時她會拯救所有人。其中有一幕，那些千依百順的太太們，穿戴華麗，在超市裡縱橫交錯，如同在天橋上走貓步的模特兒。可時裝騷裡的情景，搬到日常生活的超市裡，看上去是如此的詭異。她們就如同貨架上的產品，被安然地、整齊地放進一個個角色裡。

事隔接近四十年，這套電影裡的畫面竟剛好與香奈兒十分契合。那些模特兒在超市裡挑選貨品，而那些名人、時尚編輯們則坐在會場的位置上，挑選模特兒身上的時裝：哪些會是下一季的潮流，哪些不堪入目，哪些又是自己都想買一套的夢幻時裝？

老佛爺說得對，超市確是當代社會的象徵，先不論超市裡透露的家庭結構或家庭權力的分佈。只消看那些名人們，在fashion show完結後，衝上前爭搶香奈兒超市的產品，就如他們並不只是在超市般，那些貼了香奈兒標籤的，不只是食物或日常用品，更是時尚。

又或許該這樣說，我們怎知道時尚就不是另一個大超市？在裡邊琳琅滿目，使你覺得你想要甚麼都有。而眾人如同處身狂歡節，是的，當所有東西打上了一個品牌的名字，大家就進入了時尚的狂歡。但超市不只是一個狂歡的地方，那還是你接觸心底最深處情感的地方。

其二：艾倫金斯堡的孤獨超市

現代生活離不開超級市場：永遠明亮的燈光，整齊的貨架，光鮮的食物。恍若人生可以永遠充滿秩序，大抵只有誰不小心碰到疊高的貨品，眾物傾倒之瞬間，才顯露了人生失序的真相。美國經濟學家約翰・高伯瑞就說過：「當你在超市買一件普通貨品時，你正在接觸你心底最深處的情感。」

永遠的明亮與新鮮

今年香奈兒的秋冬系列，將秀場打造成超市，穿著華麗的模特兒在貨架間縱橫穿插。有趣的小注腳是，當fashion show完結後，來看騷的名人一擁而前，如同自己是來超市購物的人，紛紛挑選架上的貨品。是的，或許當所有東西打上了一個品牌的名字，大家就進入了時尚的狂歡，而時尚其實就是一個最大的超市。

時裝周也是一個大超市，所有東西都明亮、光鮮。老佛爺將這個系列命名為All About Freedom，他真的很聰明，你以為他說的自由，或許他說的其實是不自由。超市裡，如同甚麼你都能挑選，甚麼你都能購買，你可以這邊看看，那邊看看。你可以這個放進購物籃，那個放進購物籃，一天未走到收銀處，一天你都可以放下再挑選過。

但其實超市此一空間，早就為你挑選好的一切，由甚麼貨品放上架、甚麼類別的貨品放哪個區域、你怎樣在其間行走、到你會先看見甚麼貨物，都在規劃之下。超市或真的是全有關自由，但那是何種自由呢？是一種光明、永遠新鮮、富足的人生夢嗎？

超市關門之後

超市在現代生活中，也可以是一個很孤獨的地方，又或應該說，是孤獨者在其間消磨時光的時方。垮掉的一代詩人艾倫・金斯堡有詩〈加州超市〉：「在我飢餓的疲倦中，為了購買一些意象，我走進霓虹水果超市，夢著你詩歌裡的那些條陳列舉。／多麼好的水蜜桃，多麼微妙的明滅交替！很多人全家在晚上購物！過道裡滿滿的都是丈夫們！妻子們在牛油果堆中，嬰孩們在蕃茄堆裡！——還有你，加西亞・洛爾迦，你在那堆西瓜旁邊幹甚麼？」

洛爾迦是西班牙最傑出的詩人與作家之一，接下去，金斯堡還在冷凍櫃的肉製品附近遇到成了孤獨老頭的美國詩人華特・惠特曼，於是他跟隨著惠特曼：「在我們孤獨的想像裡，我們順著開放的過道一起閑逛，品嘗著朝鮮薊，擁有著每一種冰凍的美味，卻沒有經過收銀區。／我們上哪兒去，華特・惠特曼？一小時以後超市關門。今天晚上你的鬍鬚指向哪個方向？／（我撫摸著你的詩篇，夢著我們在超市裡的冒險，感覺荒誕。）」

超市有時如同世事紛擾，而詩人在其中緊隨他的早已年老的老師惠特曼，漫目無的走過那些貨架。是的，超市最適合想得太多的晚上，只要你不走到收銀處，你就可以一直在迷宮裡閑逛下去。直到永遠。噢不，只是直到超市關門，你得為你下個閑逛之處費神，又或者——你可以直視你的孤獨。

金斯堡望著自己的畫像，恰如他在《加州超市》裡與惠特曼相對照。

眼鏡
矛盾共同體

在這瞬息萬變的世代，眼鏡真的有太多的故事，由原本補充視力不足，到營造風格的配飾，再到虛擬世界Google Glass帶來的可穿戴電腦——從功能到裝飾，再到另一種功能，眼鏡帶來的視野，是一再的扭曲與非自然，那鏡面過濾後的世界，到底是怎樣的一個世界？

其一：反戰的無言控訴

二〇一四年年初，小野洋子在Twitter貼上約翰・藍儂沾有血跡的眼鏡，以抗議槍械管制法。照片上的眼鏡，正是三十四年前藍儂遇刺時所戴的眼鏡，小野洋子寫道：「每年有三一五三七人在美國被槍殺，我們正在把這個美麗的國家變成戰區。」這照片發佈的日子是藍儂和小野洋子結婚四十四周年紀念日，一九八一年，在Season Of Glass的專輯上，小野洋子也將這張染血眼鏡的照片作為封面。

搖晃的六十年代，Beatles以其音樂感動世人，他們的穿著打扮也成了時尚指標。眼鏡是當時知識份子的時尚標誌，尤其是圓形眼鏡。早在十九世紀末、二十世紀初，圓形眼鏡就已是文明的表徵，諸如胡適、本雅明、甘地、建築師勒・柯比意都佩戴圓形眼鏡。而到了上世紀六、七十年代，這風尚由藍儂和美國早逝歌手珍妮絲・賈普林等人重新帶起。除了圓形眼鏡，粗框眼鏡也同樣成為時尚，至今仍是文青的必備配件，比如活地・亞倫的粗框眼鏡就是他的標誌了。

六十年代是反文化的時代，彷彿與上一個十年背道而馳，傳統文化都被拋掉，以期變革。Chanel、Dior等奢侈品牌不再是主流，取而代之的是瑪莉官與安德烈・庫雷熱帶起的女童風格迷你裙，又或其後聖羅蘭設計的無性別（unisex）風格服飾。其時，音樂與時裝關係深遠，二者都暗暗契合當時反權威與反戰的精神，Beatless的印度風音樂，就推動了Hippies風潮。

在這樣的時代，藍儂的眼鏡是down to earth的時尚，任何人都可以佩戴。也難怪多年之後，小野洋子依然以他的粗框眼鏡抗議槍械管制法，那副眼鏡所寄託的是對和平的追求，由當年小野洋子、藍儂，以至整個六、七十年代的反戰精神，到現時的反對濫用槍械，這眼鏡都是無言的控訴。

其二：沒有鏡片的Google Glass

Google Glass的出現，使得可穿戴電腦從科技狂迷的幻想，變為可普遍發展流通的產品。眼鏡出現了本質上的改變，使佩戴者進入另一空間，甚或應該說，眼鏡帶來的虛擬空間與眼前真實的空間並行，並或以分析、或以攝錄，干預了此身所處的真實世界。

嚴格而言，不知道智能眼鏡算不算眼鏡，因為它並沒有鏡片（雖然為近視用家而設計的「二合一」Google Glass即將出現），它由一條細窄的金屬鈦質眼鏡框架組成，配以右側一個透明塑膠小方塊，當佩戴者抬頭，會看到半透明的電腦屏幕，屏幕旁邊的鏡架上還內置一個小小的相機。

《科學怪人》式眼球

Google Glass雖沒有鏡片，但它也沒脫離眼鏡的主要功用：看。以前眼鏡有糾正視力的輔助功效，或配襯衣服之時尚功能，但像智慧眼鏡這樣的穿戴式設備，不只是內外分明的身外物，更是試圖融入使用者身體的裝置。在此之前，人類以眼睛記錄畫面，在記憶裡成了會隨時間改變的「相片」，而Google Glass則把眼前一切永恒地鎖定了。

在Google Glass這種「眼球電腦」推出市面之前，對科技發燒者或業界人士而言，「可穿戴電腦」並不是一個陌生的概念。以概念而言，身體與機械之結合，早在十九世紀初的科幻小說《科學怪人》裡已出現。而在上世紀六十年代初，數學家愛德華・索普與信息科學家克勞德・夏農合作，造出了一個煙盒大小、可穿戴的數字電腦。而回應Google Glass的出現，Intel的人類學家傑妮維芙・貝爾認為：「幾千年來，人類一直在利用技術來延伸自己的肢體」、「我們有盔甲，我們有回力鏢來延伸自己的『觸角』，我們有弓與箭。」穿戴電腦不過是另一種新式的延伸技術而已。

隱私的重要

電腦帶來變革，未來的日子將有怎樣翻天覆地的變化難以預料，但就著Google Glass帶來的隱私問題已引起了商家的留意。隱私有何重要性？剛過去的聖誕節斯諾登終於打破沉默，回應奧巴馬政府的指責，他說今天出生的孩子，將在一個沒有隱私的世界長大。而隱私的重要性在於我們能夠決定自己是誰，想成為誰。

Google Glass尚未正式推出市面，對應之策已開始浮現，不論那是商家的綽頭，還是另一場革命的開端。比如說由中港日三地班底組成的眼鏡品牌Tony Same

就與K11合作推出全球首創防偷拍眼鏡，原理是該系列眼鏡表面由先進反光物料玻璃微珠油墨技術製造，可以全方位反射來自相機閃燈的光線，從而令相機的對焦系統失效。這種眼鏡是否真的能避開所有偷拍，未能得知，但至少已引起對無處不在的相機鏡頭恐懼的人士的留意。

其三：美麗新身與柏斯之身

收到公關的新聞稿，Diane von Furstenberg和Google聯手推出「DVF—Made for Glass」系列，一點也不驚奇。衣服最初就是功能的考量，隨後才到美麗的追求，穿戴式科技亦如是，最先Google Glass是一種穿戴式科技，稱為眼鏡，但並沒有鏡片，只有左上角的半透明電腦屏幕，但漸漸Google Glass會與不同的時尚品牌合作，會成為穿戴式時尚科技。但與數千年以來不同的卻是，以前衣物的功能考慮，在於保護身體，現時則在於模仿人體的感知，由五感的感悟，到大腦的思考，再到補足身體的缺陷，在穿戴式科技裡，我們的身體如像藏進了另一個虛擬的身體裡。

在討論這種美麗新身之先，或許首先我們得先弄清楚，身體是一個怎樣的概念？身體與靈魂共存，那麼，身體先是短暫的，而衣物，因身體需要而生產，往往有時卻在穿衣者的身體往生後，仍存在於世上。

歲月長衣裳薄

身體是如此不穩定，我們皆知此身短暫。波蘭女詩人辛波絲卡的詩〈博物館〉就把身外物與此身並不能長此相依的關係道出了，甚或應該說，女詩人有點兒妒忌這些身外物——也就只有它們，長居於世，成了博物館裡的憑證，縱使它們憑證的身體早已消失。詩說：「這裡有餐盤而無食慾。／有結婚戒指，然愛情至少已三百年／未獲回報」；「王冠的壽命比頭長。／手輸給了手套。／右腳的鞋打敗了腳。」

而女詩人回望自身，她的衣物如此親切緊貼身體，但兩者的矛盾已然展開：「至於我，你瞧，還活著。／和我的衣服的競賽正如火如荼進行著。／這傢伙戰鬥的意志超乎想像！／它多想在我離去之後繼續存活！」這些繼續存活的衣物殘留著我們生存過的痕跡，比如說氣味、比如說身體脫落的死皮與細胞，又或比如說他人記憶裡所殘留的我們穿這衣服的記憶影像。

而穿戴式科技與此身的矛盾則更大，至少，我們生存的痕跡更多會被紀錄、而非殘留在衣物上，穿戴式科式未來的趨勢，除了作為與外界溝通的工具、作為轉化能源的工具、也一樣作為無時無刻監察此身或調節此身的工具。這種監察就是採集訊息，由別人怎樣凝視你、到別人與你談話時的心跳、溫度、距離，這一切我們自身本來可以感知、卻不能準確道出的微妙情感，穿戴式裝置都將其歸類為可供分析的數據資料。

直觀與經驗之身

由是我們的身體是可以分析的、是數據化的。突然有點恐懼這樣的未來，懷念起現在我們尚未失去、但終有一日可能失去的，對身體的各種感應，由撫摸、想望、距離、想像而產生的眾多感覺，與錯覺，那實質又非實質的身體。

墨西哥詩人帕斯將身體的瞬間經驗與直覺感受以詩性語言表達出來，比如〈接觸〉：「我的手／揭開你個體的簾帷／把你籠罩在更徹底的赤裸裡／撥開你身體外的許多身體／我的手／替你的身體創造出另一身體。」

那是身體的可感可觸，不單只是思想與思想的溝通，而是身體與身體的溝通，一個身體在直觀裡，幻化成另一個身體，在那一刻，詩人何嘗不是也替自己的身體創造了另一個身體，以回應對方？

兩顆消逝中的流星

帕斯有另一首詩稱為〈兩個身體〉說的就是

胡適的圓形眼鏡十分有知識份子的感覺。

帶上圓形眼鏡的藍儂和他早期的形象不一樣了。

這樣的故事：「面對面的兩個身體／有時候是兩片浪／而夜是海洋」、「面對面的兩個身體／有時候是兩顆石頭／而夜是沙漠。」、「面對面的兩個身體／有時候是兩隻小刀／而夜敲擊火花」、「面對面的兩個身體／有時候是兩顆流星／在虛無的空中。」我們的身體可以是任何東西，但它得首先如同空中的兩顆流星，實質存在，且正在消逝中。

　　穿戴式科技、又或者是穿戴式時尚，驟眼看如

本雅明又怎離得開他的圓形眼鏡呢？

美國歌手賈普林也是反戰者。

同打開了新領域，帶來很多對身體新的感知與分析，但仔細一想，又如同是用另一種更簡單的方法，將我們複雜的直觀感受量化了。

比如說加拿大華裔設計師Ying Gao設計了一條關於凝視的裙子，如果你只是看它一眼，你並不能看出有甚麼特別，但如果你凝視它，你會發現有光流動，這如同創新科技，但仔細想一想，這何嘗不就是我們原本擁有的？一如帕斯的兩顆流星：當你凝視一個身體足夠長久，就如同看見消逝中的流星所迸發出的火花。

形象的叛逆

4

龐克音樂可說與T恤有異曲同工之妙，或許曾經正統才能被稱為音樂或時裝，但在上世紀六、七十年代，正統與民間文化並存。當你在某種音樂下，扭動你的身體，你就為你的身體打開了一個空間，在其間，你自由而活。你有自由選擇音樂，也有自由選擇衣著，你想唱出怎樣的歌，怎樣扭動身體，穿上怎樣的衣服，全由你自己決定。

T恤
不只是一件衫

其一：政治不正確

ZARA的香港網站，出現一件印有「六四」字樣的運動T恤，引來連番討論。「T恤政治」或「T恤風波」於香港也不是第一次：二〇〇七年，本地品牌住好啲（G.O.D.）推出印有「拾肆K」字樣的襯衣及明信片，驚動警察搜尋住好啲店舖；一年後住好啲推出「大濫交野公園」的T恤，也妥協的在包裝上加上了警告字句，提醒年滿十八歲或以上人士才可購買。這樣的事在T恤誕生以來，比比皆是，如果要說的話，T恤一定是政治不正確，它與固定、規範的規矩不一樣，它為各種事物打開一個缺口，使得一切動蕩、不安，有所變化。

T恤如此簡單，名字取自其外形，也可說是時尚裡最簡單的item。而T恤又是如此不簡單，它不只是一件衣服，它還寄託了設計師與穿衣者的態度，也見證著時尚的改變——怎樣打破各個階層的分野，使一切意義可以流動。

內衣外穿始祖

大概不少人知道，T恤最初是作為內衣出現的，它的舒適為人所熟知是在第一次大戰時，美國士兵穿著羊毛制服，感覺侷束，而歐洲士兵所穿的棉質內衣輕巧舒適，於是美國士兵也開始穿上這種內衣。直至二戰時，T恤已經成為美國陸軍及海軍的標準內衣。

二戰後，T恤開始變成日常衣著，但開初並不為人接受，多得銀幕魅力，慢慢群眾也發現T恤既方便又時尚。不得不提的一定是一九五一年的《慾望快車》，馬龍·白蘭度穿一件浸滿汗水的T恤，在短袖之下是他肌肉結實的手臂，大眾為之震撼，卻又不敢隨意模仿。直至四年之後，占士·甸在《阿飛正傳》裡同樣穿上緊窄T恤，才叫T恤真正大熱起來，白T恤也被當成反叛的象徵。

對T恤在時尚世界裡的角色非常熟悉的，一定包括時裝設計師尚·保羅·高堤耶，有看一九九二年版本《家有囍事》的肯定記得張曼玉的造型是模仿麥當娜內衣外穿的形象，這是高堤耶為麥當娜一九九〇年巡迴演唱會設計的舞台時裝，馬甲胸罩就像錐子般突出來，時人為之讚嘆、漫罵。

高堤耶本人倒不以為意，他是這樣看的：「男性的服裝，其實早就經歷了『內衣外穿』的時代進化，T恤以前就是內衣，如今則和襯衫等量齊觀。這也許是觀念的改變，比如巴黎的龐畢度中心，它將過去建築所竭力隱藏的管線徹底外露。這個年頭，許多事物都『內衣外穿』了，我想是因為人們變得越來越有自信，這其實沒有甚麼值得害羞的。」

1951年《慾望快車》裡的馬龍・白蘭度，今天再看仍不過時。

其二：敘事的T恤

T恤打破常規，顛覆時裝的內外分野，T恤的流行也顯示了時裝曾經歷的階級分野逐漸崩潰，平民與貴族衣著漸漸一致。在日常生活中，開始以個人喜好為主，而非個人所代表的階級身份，決定你要穿些甚麼。

上世紀五十年代中期，T恤作為外衣的現象，開始受到世人普遍的接受，接下來「搖擺的六十年代」，連女性也接受T恤。六十年代，歐洲發生了很多對抗體制的運動，特別是一九六八年的五月學運，傳統價值被否定，很多新鮮的自由創意被引進日常生活中——比如先前被視為禁忌的迷你裙、牛仔褲、嬉皮裝也大受歡迎，紮染和絹印的T恤特別適合嬉皮風。隨後七十年代，龐克、搖滾等次文化的崛起，也使得T恤從簡單的純色設計變為加上文字與圖案。穿衣者就更容易表達自己，T恤也就成了自由表達的媒介。

叛逆代表：Vivienne Westwood

如果要談叛逆，一定不能漏掉西太后薇薇安・魏斯伍德，此人原為小學老師，遇上搖滾男友麥拉倫後，萌發時尚夢。二人一同於倫敦國王路打理一間小店，售賣CD與服飾，店鋪名字不停轉變，一如他們對自由的追求，由Let It Rock、Too Fast to Live, Too Young to Die、Sex到Seditionaries等，總是不斷求變，總是不安於位。

在西太后離開麥羅倫、成立個人同名品牌之前，她與麥拉倫一起設計，並在店裡售賣他們的衣服，包括印上文字與大膽圖案的T恤，最出名的，莫過於印上納粹圖案與英女皇圖片，加上Destroy字樣的T恤——極權、皇權與毀滅，當被置在一起，就觸動了時代的神經。

時值上世紀七十年代中期，其時的英國有兩種極端，其一是嚴謹正統的王室形象，另一就是崇尚自由與叛逆的龐克文化，這件T恤可說是把另一極端的王室形象也拉進龐克文化裡了，難怪極受歡迎。

西太后身穿自己與男友設計的T恤，納粹與英女皇並置於T恤上，於當時可謂驚世駭俗。

自由意志：T恤與音樂

喜歡這一件納粹英女皇T恤的還有英國樂隊Sex Pistols的成員強尼・羅頓，而Sex Pistols的低音吉他手席德・維瑟斯與其女友南茜・斯龐根的悲慘愛情故事裡，也屢見他們穿上T恤。T恤結合牛仔褲或皮褲，一種中性形象馬上呈現，恍若身體裹在T恤裡，可拋卻所有外界給你附加的身份。

龐克音樂可說與T恤有異曲同工之妙，或許曾經正統才能被稱為音樂或時裝，但在上世紀六、七十年代，正統與民間文化並存。當你在某種音樂下，扭動你的身體，你就為你的身體打開了一個空間，在其間，你自由而活。你有自由選擇音樂，也有自由選擇衣著，你想唱出怎樣的歌，怎樣扭動身體，穿上怎樣的衣服，全由你自己決定。

其三：時尚大同

人心多變，階級分野，世界難以大同。時尚卻可以大同，暫且忘記高級訂製、昂貴價錢、不懂發音的外國名牌、每季過期的服飾。一件最簡單的T恤，就可以達到大同，誰都可以穿，誰都可以在其上寫下文字，又或不寫下文字，單單讓顏色替你表達心意，人人同樣可以以一方T恤，訴說自己。

超現實主義畫家雷內・馬格利特名作《形象的叛逆》，畫面中央是一隻寫實的煙斗，其下有一行法文，意謂：「這不是一隻煙斗」，圖像與文字的矛盾，質疑了文字符號與形象之間必然的關係。T恤作為眾人表達自己的佈告板，有時與這幅畫有異曲同工之效——T恤，尤其是白T恤，就如白紙，或許上面沒有畫上一隻煙斗，可別忘了T恤穿在身上，穿衣者連同T恤就成了畫面裡的煙斗了。

自嘲最強：Franco Moschino

這樣的異態幽默叫人想起離世接近廿年的弗蘭科・莫斯奇諾，他對T恤可算情有獨鍾，他說：「我深深相信襯衫與T恤是當代流行產業中，最天才的發明，它也是現今服飾造型的基礎。」

莫斯奇諾以T恤宣揚他反時尚、反暴力、反虐待動物的意念，充滿反諷與戲謔的標語，多年過去仍叫人難忘，包括「浪費金錢」、「時裝體系止步」、「只給時尚受害者」等等。這邊廂，你穿上你所欣賞的大師設計的T恤，那邊廂T恤上的文字正在聲討這樣的時尚產業，你似被時尚牽著鼻子走，但你又是因為認同設計師所言才購買該T恤，如此這般，莫不如馬格利特的煙斗。這也是莫斯奇諾帶來的反諷式驚喜，無論你贊不贊同他的觀點，你購買了，穿上了，你就是謬誤的一部份。

集會必備之物

可以印上文字的T恤，藝術家與設計師以它來表達自己所想，政治家則以它來宣傳自己。最早將競選口號印在T恤上的是共和黨的總統候選人托馬斯・杜威，當時是一九四八年，他雖然落敗了，但他的口號Dew It With Dewey卻永留T恤史。其後T恤成了政治家在競賽中的宣傳必備物。比如，一九六〇年，約翰・甘迺迪參選時，T恤上就印上了：Kennedy For President。

政治家懂得利用T恤，大眾一樣懂得，而且有時T恤不需要加上文字，單是顏色的選擇已經是一種表態。比如說泰國的紅衫軍，又或香港二〇〇三年七一大遊行或二〇一三年反國民教育時的黑色衫，全都在表達穿衣者的立場與憤怒。T恤大同，誰也可以以T恤反擊。

弗蘭科・莫斯奇諾似掩嘴不能言語，但他擅長以服裝上的諷刺文字來表達自己。——T恤與政治關係並不遠。

其四：一件T恤的旅程

T恤作為文化載體，除了藉文字與顏色訴說故事，T恤的圖案也很有意思，並且隨著時間轉變，圖案的意義也在轉變，T恤不停翻新出新的意義。

說到T恤反叛又創新的歷史，條紋T恤是其中的代表，不過是兩種顏色相間而成，平平無奇，但色彩間的對比、過渡，那種曖昧曾一度為世所不容。尚・保羅・高堤耶就將條紋這種中性圖案，變化為雌雄同體衣著的主要元素。

時間之旅：革命條紋

難以忘記高堤耶的男模特兒穿上橫紋T恤，下配蘇格蘭裙，陽剛與陰柔配合得恰到好處。橫紋看來好像源自水手服，總令人想到航海、旅行與自由，但其實條紋裝最初是社會邊緣人士（如精神病患者、囚犯、娼婦等等）的服裝。

在中世紀繪畫裡，惡魔穿著的就是條紋衣服，其時條紋服裝被視為卑賤與邪惡的象徵。在十五至十六世紀，僕人就經常穿條紋服飾。條紋後來發揚光大，或多或少和革命思想有關，十八世紀末美國獨立戰爭，紅白相間的橫紋共有十三道，代表反抗英國王權的十三個殖民地。

那是自由的橫紋，世人把橫紋穿在身上，以示支持反抗，不久，法國以至整個歐洲也流行如此穿著。法國大革命爆發，革命者推翻眾多舊觀念，橫紋也漸漸變為日常服飾，更成為海邊休閒活動的衣著主要符號。其後可可・香奈兒把條紋融入她的設計，條紋與時尚由此便結合得日趨普遍。

空間之旅：剝削血淚史

一件T恤由原材料棉花的種植，到製作完成，最後到達購買者的手上，由一地到一地，它在空間的旅程，也歷盡這世界太多太多的故事。純棉T恤柔軟，與肌膚親和，最後穿在你的身上，一直在講述著它的時間與空間之旅。

現在是T恤氾濫的世代，無論新衣，還是二手T恤，皆隨時可見。十多年前，美國喬治敦大學教授皮翠拉・瑞沃莉博士追蹤一件T恤的產生，從而展開T恤的空間之旅，寫下《一件T恤的全球經濟之旅》。追尋的過程讓她明白，一件

T恤從中國到美國旅行的歷程，之所以在邊境遇到不少麻煩，正是各種利益主體相互纏鬥的結果。

以香港為例，老一輩或許尚記得，上世紀六、七十年代，香港處於工業大躍進的時期，這大躍進原本是一個困境：六十年代初，香港製衣業受到全棉出口的配額限制，因此才轉向發展人造纖維以開闢新市場。配額限制就是為了保護地方的棉花生產商。而到了一九九五年，自由貿易呼聲逐漸升高，全球配額因而逐步取消，可那時香港的競爭力，又比不上價格更平宜的新興出口城市了——紡衣製衣業急速下滑，在香港漸漸變成衰落的夕陽工業。

香港的紡製業黃金期過去了，瑞沃莉博士寫此書的時代也過去了，但全球化帶來的影響仍在繼續，一件T恤由內衣變成外衣，在此一旅程中，一方面讓穿衣者（無論是政府支持者、無政府主義者、異性戀人士、還是同性戀人士）自由地表達自己；另一方面，卻在全球化各方權力的拉扯之下，它並不能自由地航向他方，它也隱隱然在革命與開放的表象下，背負著剝削的罪名——無論是當年美國以黑人奴隸種植棉花，還是至今仍普遍存在的血汗工廠，構成了重重剝削的T恤血淚史。

Gothic
永遠的變奏

女子戴黑色薄紗製成的不規則形狀闊帽款款而出，如中世紀的黑寡婦，又如或為宗教或為習俗，以頭巾裹臉的中東女子。透視的頭紗，綴滿群花的蕾絲，絲襪上大幅度爬滿或紅色或黑色群集的花卉，一如刺青，這些都帶來誘惑的感覺。這是Ann Demeulemeester二〇一四年春夏系列，但真的只是嫵媚、性感等詞語就能說清嗎？薄紗與蕾絲，或其他輕盈材質的運用，看似溫柔，但暴烈處處，那是滅了聲的反抗，比如說薄紗後的長髮刻意做成一支支利箭的效果，如同內化了、藏起來了的暴烈與叛逆。

游離於主流之外

安特衛普六君子之一的安・迪穆拉米斯特日前宣佈退出自己創立的同名品牌，她親手寫的公開信道明了原因：「我一直堅持走自己的路，我的個人生活和Ann Demeulemeester品牌都將進入新階段，是時候分開走各自的路。」大眾不禁猜測安・迪穆拉米斯特以後的路向是怎樣，無論如何，稍遲在巴黎時裝周上的Ann Demeulemeester二〇一四秋冬系列，會是設計師本人為其同名品牌設計的最後系列。或許此時，正是為安・迪穆拉米斯特作一小結之時。

不禁想到設計師自己所不喜歡的別人加諸其身的標籤：哥德風格。如果要談哥德時尚，馬上想起的會是麥昆、高堤耶、約翰・加利亞諾等一連串名字，而不是安・迪穆拉米斯特，她缺少了一些驚世駭俗的華麗、一些對死亡的極端崇拜、誇大張揚的頹唐，但她更多了一點對自由的追求，又多了一點低調，她的黑不若一般哥德風格般虛張聲勢，但或許就是她如此不喜歡被標籤化、不欲被固定在一種意義下，難以完全定義為哥德時尚，才使得她更契合哥德風格：總是游離於主要論述之外，以作為文明世界的黑暗他者（the dark other）而存在。

別忘了，由一個服裝潮流到另一個潮流，棲息著的是動蕩不安的精神，那就正是設計師與藝術家對世代的回應。

文明他者：從野蠻到叛逆

哥德美學本來就不是一個不變的概念，觀其歷史：「哥德」一詞，原指三世紀時北歐野蠻剽悍的哥德部落，他們以野蠻剽悍、嗜殺成性著稱，他們對歐洲不斷侵擾，造成巨大破壞，哥德之於歐洲，幾是野蠻的同義詞。公元四一〇年，西哥德人第三次圍攻羅馬，佔領羅馬三天，大肆破壞，此後羅馬帝國沒落，長達一千年的「黑暗時期」中世紀來臨。

最先用到「哥德式」一詞的是意大利畫家拉斐爾寫給教皇的信，意在以此批評文藝復興之前中歐及北歐的建築樣式。其時思想家與藝術家懷念古羅馬文化，仇恨摧毀羅馬帝國眾多蠻族中的其中一支：哥德族，由是以「哥德」之名指向中世紀時期他們不齒的建築風格。這與印象派、野獸派、朦朧詩一樣，最初都是作為貶詞而出現。

歐洲對中世紀的記憶不只是哥德式建築的富麗，在玫瑰花窗、繁複裝飾背後，幾可透視到死亡的景象，中世紀時黑死病襲擊歐洲，人口大量死去，此後在哥德藝術裡，富麗風格經常與死亡記憶重疊。此所以十八、十九世紀興起暗黑文學，即被稱為哥德文學：殘破建築、恐怖、墓地、教堂，這都是歐洲人對中世紀那一場大瘟疫的陰影。至此哥德美學幾是生之華麗與死之頹唐為一體的美學概念了。

哥德文化的再次變奏是上世紀七、八十年代，隨著龐克次文化與搖滾風潮成為主流，加上結合十九世紀的華美維多利亞宮廷風格，哥德時尚也就變成融合了叛逆、病態、雌雄同體、驚世駭俗等元素的風潮。

七十年代：反思與懷疑

早兩年離世的歷史學家艾瑞克・霍布斯邦在他的回憶錄裡說：每一個歷史學家在他的人生裡，都會找一個「私我的落腳點」（a private perch），從那裡去審視世界。他說他自己的落腳點是在維也納度過的童年，那時正值希特拉的納粹主義崛起之時。落腳點非指向實在的地點，卻是指向時間，指向一段用之理解整個世界如何運作的時間。

對安・迪穆拉米斯特而言，她觀看世界的落腳點是上世紀七十年代，一九七五年，十六歲的安・迪穆拉米斯特經過唱片行，看到了「龐克教母」佩蒂・史密斯的《群馬》唱片封套後，史密斯及其所代表的龐克精神就變成安・迪穆拉米斯特的靈感來源與創作基底。

承接上世紀搖晃的、反文化的六十年代，七十年代依然是反權威的時代，一如《群馬》專輯的開篇名句：「耶穌為某些人的罪而死／卻不是我的」，無論宗教權威，政治權威，都無法壓制個人之自由意志。但承接六十年代放縱到底、發問到底、反抗到底的躁動，十年過去了，學運過去了，七十年代中期的越戰也過去了，七十年代在反抗之中，還多了反思與懷疑，還明白到激烈的口號式反抗不一定帶來改變。

此所以在安・迪穆拉米斯特的變奏哥德時尚中，取代驚世駭俗、官能救贖的是一種放鬆的節奏，那種放鬆的節奏，我想是來自嬉皮風格，在那稍稍偏離哥德類型的美學中，嬉皮風格與暗黑力量相融和。

比如說哥德時尚的垂直、縱向線條架與嬉皮風格的隨意披搭混在一起，成為安・迪穆拉米斯特最易認出的剪裁風格，還有設計師常在春夏季系列中融進的古希臘式裙袍設計；比如二〇一二年春夏系列唯美長裙與平底鞋演繹了古希臘式飄逸與閑適。再向前看，二〇〇九年春夏系列，雖並非長裙曳地，但當中輕盈的布料重疊、披搭、扭結而成連身短裙，也一樣帶來自由與隨意之感。

兩種極端的美學

但這些並沒有沖淡安・迪穆拉米斯特服裝裡的反抗元素，她的女子從來都是戰士，但鬆弛有致。設計師擅以搖滾詩意和不對稱的剪裁風格，將搖滾、胡士托、歌德的反叛精神融進服裝裡。比如說二〇一〇年春季系列取名「籠中鳥」，內裡雖滿是奴役風格的鐵鏈，但那些外套上的海鷗圖案卻讓人想到自由，想到終會掙脫束縛。

在這系列中，男女模特兒或臉上纏了鐵鏈，或身上垂掛著鐵鏈，這種自由與束縛共為一體的表達方式，叫人想起哥德美學本來也是如此，那是兩種極端之間碰撞出來的美學：服裝上的極端張揚與心理上的極端壓抑、施虐與被虐、生之華麗與死之禁忌。

哥德美學愛恨分明，華麗與腐頹、神聖與邪靈共同存在，那是西方畫裡的花與骷髏共存，大有此身雖在堪驚之感。

不完美的反抗秩序

恐懼的負面能量、禁忌、陰暗頹廢、戀物癖、墮落異象、維多利亞風格、吸血造型、野蠻、陰沉……這些形容哥德風格的詞語，並不是全部都可以套用到安・迪穆拉米斯特身上。雖是渾身暗黑調子，你卻難於這女子的設計中看到繁複的服飾，此所以她並不喧囂，甚至有一種沉著的感覺。與其說她是表面式張牙舞爪的反抗，不如說她在反抗最大的主流：秩序。

中世紀黑死病與其後的暗黑美學深有關係。

日本設計師山本耀司是時裝界另一股暗黑力量，他在論述哥德風格時說過：「『完美』是一種秩序的展現，它對立於『自由』，但它是如此醜陋，我反倒樂意見到事物的創痕、脫序、失調。……既然『不完美』是這個世界的本質，那麼『完美』二字壓根不曾在我腦中出現。從另一角度而言，『不完美』正是哥德所要追求的精神。」

安・迪穆拉米斯特不只並非主流，甚至在他人為她歸邊的哥德類別裡，她也是以游離之姿遠離固定的意義，此趟她突然離開自己建立的時尚王國，也可說符合她的性格。

哥德時尚的力量一直以主流的他者出現，並隨著世代變化而變，安・迪穆拉米斯特是其中一個為哥德美學增添更多涵義的設計師，這些有著自我風格的設計師，還有很多很多，這些主流的他者使得穿衣有了更多態度與故事，有了一種自我流放於邊緣位置的主動性，那是極度吸引的靈光。

時尚與媚俗

收到公關通知，走混搭街頭風格的瑞典品牌Monki日內將在加連威老道開新店，有趣的是其中提到Monki營運總監莉亞・高德曼的話：「加連威老道與Monki是絕配。我們感到十分興奮能與一眾前來搜尋寶物並具無限創意的潮流粉絲們見面。我們所帶來五花八門的有趣系列定必讓她們愛上Monki。」

會心微笑，她所說的「加連威老道與Monki是絕配」叫人想得太遠。Monki是甚麼？加連威老道又是甚麼？當媚俗（kitsch）遇上媚俗，那倒是另一種火花。

尖沙咀混雜簡史

一直想著Monki與加連威老道的絕配之說，有趣的是尖沙咀本身就是混雜性很高的區域，東南亞人、韓國人、本地人都在這兒自得其樂。一座重慶大廈就有無窮可能性，不同功能的街道漸漸形成，韓國熱後的「小韓國」街（金巴利街），名牌林立的廣東道愈來愈面朝自由行旅客，那些街道跟隨著人群的喜好，一直調整著。

尖沙咀在清朝原是小村落，一八六〇年以前，一片農村景象：海邊、田地、客家村，那是隱世的小半島。後來九龍割讓給英國，英軍因為界限街一帶無險可守，故防線設於尖沙咀區以北的小山嶺上。隨後大部份地區被劃分為歐洲人住的花園地段，曾禁華人入住。

加連威老道，若不是讀慣，有點繞口，這是殖民地街名音譯的結果。但若忽略這點，加連威老道，一個威字作為街名，正是kitsch媚俗到不行，竟恰好符合這一條又彎又長的街道的特色。不只加連威老道，多條尖沙咀街道也以殖民時代官員或英國國土內的地區為名，比如柯士甸道，以當時香港輔政司柯士甸命名、梳士巴利道以英國首相梳士巴利侯爵命名、金馬倫道以駐港英軍司令及署理香港總督金馬倫少將命名等等。

淘衣者之夢

早於一八八七年，加連威老道就存在了，政府修築了一條連接彌敦道及漆咸道的道路，但卻未有命名，直至二十多年後一九〇九年三月，政府才以英國殖民地大臣加連威老伯爵為街道名稱，現址其中一段是七十年代，在漆咸道以西的紅磡灣填海而來，原名為明光道，後來視之為加連威老道的延伸段。

加連威老道以販賣廉價卻時尚的成衣著名，漸漸聚鋪成熱點，這樣的街道除了便宜的時裝還有另一種暗示：只要有風格，你可以以便宜的價錢創出自己獨一無二的形象，街道一端的利時商場正是主打這種形象。曾經加連威老道最叫人驚喜的是，媚俗的街道地鋪，往上走一層，就是大型的二樓書店，這與旺角有異曲同工之妙。

而未曾進佔到一線的服裝設計師或自家品牌，都喜歡租用加連威老道的樓上鋪，因其租金相宜，也因其已聚成一條時裝街。這樣一條街道，提供了與廣東道截然不同的夢幻，一種可於廉價服飾中製造自己風格的幻覺。

這與Monki所走的路線恰好相似，Monki售賣看上去前衛、怪誕、混搭的形象，比如二〇一四年秋冬系列，官方的廣告標語是「顛覆你的冬季風格，找到你自己的故事」，「它鼓勵人們創造新的或未曾見過的事物——顛倒、側向或向下，任何一種對你起作用的方式」，Monki鼓勵敢於表達自己，何為敢於？怎樣表達？那就必得借助時尚之力，前衛與怪誕原來是一種偽自由——恍似你有自己的性格，你懂得操控時尚，任意搭配，而自成時尚。

Kitsch媚俗通常承諾虛假的美好願景，一元選擇卻包裝成多元自由，你可任意創出自己的時尚，但潛台詞是你得購買我們的產品，或你得跟隨某種時尚指標。

我們愛時裝　我們愛香港

媚俗總帶刻意奉迎的意思，Kitsch是德文，米蘭・昆德拉在其演講詞〈人們一思索，上帝就發笑〉裡說：「Kitsch這個字源於上世紀中之德國，它描述不擇手段去討好大多數的心態和做法。既然想要討好，當然得確認大家喜歡聽甚麼，然後再把自己放到這個既定的模式思潮之中。Kitsch就是把這種有既定模式的愚昧，用美麗的語言和感情把它喬裝打扮，甚至連自己都會為這種平庸的思想和感情灑淚。」

昆德拉認為媚俗是假裝任何醜惡與缺陷都不存在，這某程度上多貼近現代時裝，媚俗的變奏是假裝任何醜惡與缺陷都可以以時尚的手段使其消失或使其變為風格。

公關稿上說Monki位於加連威老道的新店，裝橫風格意在「把加連威老道粉飾成一條色彩鮮豔及充滿現代風格的街道」，Monki建築主管嘉芙蓮娜・法蘭安達說：「我們給這個地方帶來很多愛，創出較現代的方式來向大家表達『Hey! 這就是Monki!』。」

時尚之於一條街道，一個城市，媚俗之處在哪裡？除了Monki的「我們給這個地方帶來很多愛」，恰好Monki所隸屬的H&M正在香港進行其時尚活動三部曲，其中首部曲是由十月中開始，H&M於金鐘的中信大廈貼有「H&M ♥ Hong Kong」的信息——動輒言愛，尤其以此包裝商業活動，這不就是最最媚俗嗎？

Kitsch與反叛

街頭時尚品牌主打你只要成為自己就不用怕別人的目光。是的，媚俗最為狡猾，因其依賴於幻想、意象、語詞與模式，時尚總是指向未來，指向並承諾只要相信時尚，你便能成為怎樣的人、擁有怎樣的自由。

媚俗與反叛，原該是黑白分明的兩個區域，時尚的媚俗卻可將反叛的形象吸納進去，並為己用，端看原是反抗平庸的街頭塗鴉被吸納進時尚裡就只變成一種美學，反叛精神蕩然無存。喜歡從黑人塗鴉藝術家尚·米榭·巴斯奇亞獲取靈感的設計師為數不少，Valentino二〇〇六年秋冬女裝、Reebok、Uniqlo、Supreme的二〇一三年秋冬系列、Oliver Spencer二〇一四年春夏男裝都將巴斯奇亞的塗鴉融入其中，但多數只變成綽頭或單單的印花圖案。

Monki的營運總監說，Monki與加連威老道是絕配。真是坦白得可愛。時尚有趣的地方在其兩極性（不管是否偽裝）：時尚需要以反抗普遍來突顯其獨一無二，但時尚也同時因銷售需求而以迎合大眾所需為目標。Monki與其所隸屬的H&M、Topshop…等等街頭風格的時裝品牌，表面就如一種反抗力量，反抗高端品牌的昂貴（恰如數街之隔的廣東道名店）、反抗中產人生、反抗時裝只有一種聲音，恍若你可透過配搭展現與眾不同的風格。但某程度上，他們只是迎合大眾希冀以時尚反抗庸俗的美好願望，迎合與反叛，恰成悖論。這就是媚俗最為狡猾的變奏。

時尚與時間

懷當下的舊

二〇一四年春夏時裝展，老佛爺卡爾・拉格斐將Chanel秀場巴黎大皇宮變身為現代藝廊，場內架設大型裝置藝術品，模特兒穿上由可可・香奈兒式美學變奏而成的時裝，與經典Chanel衣飾化成的藝術品，共融而成風景，新舊壓縮在同一秀場。忽然記起，從一九八三年接掌Chanel成為創意總監，老佛爺已將Chanel時裝變奏三十年，每年都在懷可可・香奈兒在生時的舊。時間、記憶、歷史、懷舊……老佛爺連同Chanel似乎提供了一個切入思考時間為何的場景。

此季秀場布置成一座大型藝廊，在其中展示了巨大的2.55包、山茶花、No. 5香水瓶、如瀑布般的鏈帶、雙C logo等藝術品……這些全是可可・香奈兒在生時因應時代之需做出的經典之物：2.55包的肩背設計是為了令女士能夠騰出雙手去做其他事，各種簡潔時裝是為了讓女人方便自在地移動，不用因被包裹在衣裙裡而感到偽裝、而改變態度和行為方式。

購買一種理念

自接手Chanel以後，每一年老佛爺都會二次創作可可・香奈兒一番，這次以七彩Pantone顏色卡及新材質等方式表現。比如用塑膠、登山繩裝飾斜紋軟呢套裝邊緣，比如用油彩筆觸做成點描派般圖案，一點一點顏色隨模特兒行走而流動。而經典斜紋軟呢短外套今趟以雪紡、烏干紗、蕾絲、PVC編織而成，也有以刺繡製造出斜紋軟呢的效果，而且因夏日天氣熱，有些款式將前面剪掉。而珍珠鍊則變為兩粒大型的珍珠，形似耳機的新款項鏈。

看久了總覺處處熟悉，比如斜紋軟呢無袖A字洋裝，很難不讓人想起上世紀六十年代流行的未來風。老佛爺在Chanel近來拍的短片裡說到他的角色是要誇大可可・香奈兒的特色，使其永遠留在世人腦海中：

「Chanel套裝是一種姿態、一種精神，以精緻服飾彰顯，Chanel套裝被不斷模仿、複製，乃至抄襲……如果你們去看看五十年代，以及五十年代末的Chanel系列作品，你們會發現，其實鏈條裝飾使用極少，也沒有雙C標誌，更沒有山茶花裝飾。而在八十年代，則需要進行徹底變革，因為，如果不對設計進行革新，Chanel套裝將淪為裝飾小平結的樸素斜紋軟呢鄉村套裝，這是我所加以誇大的，我希望將其深深烙印在人們腦海中的……當我們購買Chanel產品時，我們是在購買理念……這種理念早已根植於人們的腦海中，是大家共同的記憶。」

懷舊：從空間到時空

可大眾購買的是一種怎樣的理念？那是六十年以前可可・香奈兒走在時代前端的概念，那麼，六十年後呢？這可能是一種懷舊了，一種死抓著時代不願放手的懷舊。可可・香奈兒的形象還可以被消費多少次？

懷舊與衣飾關係深遠。衣服一直脫不了懷舊，身體總是記憶的載體，衣服的質感、氣味，甚至款式也會勾起記憶，對逝水般的時間的憂思。有趣的是懷舊（nostalgia）原本指向空間，原是十七世紀瑞士醫生約翰尼斯・霍費爾（一六六九—一七五二）為了描述遠征的戰士兵思鄉成疾，組合兩個希臘字根而成：nostas意指返鄉，而algia意指憧憬，即類近似思鄉病的情緒。爾後十九世紀的現代化又引致當時的人因時間加速，而對消失的事物有所眷戀，懷舊乃變為懷時間的舊。

時裝：時代之思潮

老佛爺在Chanel二〇一四年春夏時裝展後接受訪問說到：「過去，設計師希望能得到社會大眾的認可，這種想法已經過時，現在無人如此在意，紅地毯另當別論，上流社會已不復存在。因此如今的設計師希望成為藝術界的一員，但藝術界並不希望與時尚界混為一談，這很荒謬，藝術同樣也是一種時代思潮，安迪・沃荷是唯一明白這個道理的人，他很敏銳地洞悉，這兩個領域可以並存。」藝術是時代思潮，時裝也是時代思潮，老佛爺點出了題旨。

老佛爺三十年來恍若戴著腳鐐跳舞，他一直不願離開可可・香奈兒創出的經典，他說唯有誇大特色，才能使Chanel的形象與理念刻進顧客的腦海。但何謂Chanel的理念？

可可・香奈兒說：「時尚，就是能領先一步，而非後退，因為我們不能走回頭路。」觀乎老佛爺這三十年的創作，也不知道他是成功了還是失敗了，一般人也能數得出Chanel有何經典之作，有何對時尚之改革，但那都屬於可可・香奈兒，是她的時代思潮，而老佛爺這三十年的變革如潮水，看的時候或許震撼，年復一年，影像重複而重疊，再數，怕也數不出太多了。

太快消失的當下

可可・香奈兒所創造的是歷史，那般老佛爺這三十年呢？時裝流動，一季就有成千上萬的新款式推出，時裝周後未正式上架，可能就已經舊了，時裝還有怎樣的事件和歷史可記載？除了不停回望數十年前的變革，近些年的時裝如水過鴨背，頃刻消失，沒有人再記得他們，我們有時需要與歷史保持距離，才能回望自身，太靠近的歷史，人生無跡可尋、無事可記。後現代理論學者詹明信提出「懷當下的舊」（nostalgia for the present），指向的就是時間太快，未及細看所有事情就變明白黃花了，「當下」瞬即變成「過往」，只好急急悼念。

歷史是過去的事，需要一段距離才能看清。建築物被稱為「凝固了的歷史」，只因年月保留了在其間，環境轉變，而它仍是當年樣貌，在當時與現時之對比中顯現歷史，由是建築物成了文化記憶的載體。那時裝是能行走的歷史麼？如果真如老佛爺所言，購買Chanel，是買一個理念，那麼是購買一段可可・香奈

香奈兒穿著經典的tweed短外套，斜紋軟呢是她在蘇格蘭時發現的。

兒黃金時期的回憶麼？一段時間比現在過得慢，尚可有各種革命與突破的時代嗎？

但這段回憶在重覆又重覆的建構之後，餘下的又是甚麼呢？

時裝的「時」字在眾聲（或眾物）喧嘩的今天失效了麼？還能推陳出新麼？想起新懷緬美學（post-nostalgic aesthetics），意指超越陳腐濫觴的懷緬心態；以舊物、舊事、舊人為引子，發展出全新的文化、藝術及社會觀念。

老佛爺在時間加速中，留戀舊有之回憶，真的可以拖慢時代的腳步，還是更快速地消失在時代的漩渦之中？八十年代，老佛爺使這個幾乎關閉的品牌重回一線。真期待Chanel有一天能以舊物、舊事、舊人為引子，發展出全新的文化、藝術及社會觀念。

從民族服飾傳承到高訂時裝

「很多人說我是少數民族傳統服飾的收藏家，但我不是，因為我收而不藏，我不是為了讓它們升值，我願意把它們展出來，雖然展覽時的燈光會傷害布料，但這些手工藝文物，不只展現了精湛的技藝，更承載了少數民族的美德，也記載著他們的歷史，如果展覽可以使大家了解它們背後所代表的文化，這是文化意義上的升值。」說話的是李美賢，香港大學美術博物館正在展出她收藏的中國少數民族傳統服飾、銀飾及背帶。這些來自苗、侗、水、壯等族的傳統服飾，叫人讚嘆其刺繡色彩絢爛、針工細膩，但更難能可貴的是這些衣飾背後的意義——由於部份少數民族缺乏文字記錄，所以他們一代代把自身文化與歷史融進服飾裡，形成一種獨特的視覺語言。

時尚界趨之若鶩

看著這些傳統手工藝，想到近年西方時尚界的非洲熱。每一件物事發生到極致總是往回走，一度的物欲擴張，一時的捨舊取新，西方的設計師開始懂得傳統的美好，為數不少的設計師從原鄉非洲中取材，甚至搜羅手工藝舊布料重新設計。比如西太后薇薇安・魏斯伍德在非洲推行良心時裝計劃，為非洲婦女提供工作機會；非裔設計師仙迪索・庫馬洛與南非祖魯族的NGO的合作，由當地的婦女完成她設計的刺繡上衣。肯亞裔的馬斯・奧斯特維斯創立品牌Suno，以搜集多年的傳統手工kanga布料設計衣服。

就是華人時尚工作者，近年也不再急於和國際接軌了，許是知道連自己的文化也未學懂，又如何能取替西方設計師？越來越多中國設計師下鄉尋求靈感，比如華裔設計師張安驊與貴州省地捫村的苗族與侗族手工藝人合作做衣服。她是在上海博物館發現這些少數民族服飾的，並決定不再追求高科技元素，而是轉向工藝。她說要把有一千年歷史的古老手工藝融入現代設計中。

但現代化與這些少數民族村落的接壤，真的能把傳統工藝保留，並帶到國際舞台上嗎？還是在轉化中漸漸遺失傳統技藝的精粹？

傳統工藝日漸蒸發

觀乎西方與非洲的關係，一眾國際品牌似乎正急於將非洲變為奢侈品生產中樞與消費中心。非洲手工藝服裝帶來的靈感衝擊也慢慢的被西方品牌吸收，並轉化為另一種宣傳口號，諸如保留文化或支持非洲靠自己脫貧。那麼，華人應如何認識並傳承仍然保有的少數民族手工藝？

李美賢從上世紀八、九十年代開始留意少數民族服族，她說以前到內地做希望工程，看見小朋友四五歲開始學刺繡，但現在小朋友們都開始上學了，也不會像以前般精於刺繡，傳承成了一個問題。另外城鄉接壤，很多成年人也往外闖去做民工，李美賢擔憂，在他們往外接觸世界時，固有文化和現代文化一接觸就會慢慢蒸發了，「四年前我去北越，還會見到族人穿傳統百褶裙去趁墟，現在都穿牛仔褲、T恤了。只有希望有高水平的藝術家到這些少數民族中去吸收，去幫助保留他們的藝術。」

李美賢害怕再不收藏這些服飾，就全讓外國收藏家搜羅去了，她說起有個收藏家朋友，只用了兩年半就收了五千條背帶。李美賢自己則喜歡進入到村落裡去尋找服飾，因為她需要知道衣服背後的故事：「少數民族對待服飾的看法與我們不一樣，服飾對他們有特別的意義，因此也令收藏品得來不易。」

比如說展品裡有三套彝族服飾，是來自一家三口的，這並不是經常能遇到。而上衣和裙子還可以找到，褲子就真是難上加難了，只因對少數民族而言，賣褲等於賣掉命根。又比如族人相信背帶會吸收小孩的靈氣，若賣給人或送給人，靈氣流失，對小孩不好，所以賣出前往往會在背帶上剪洞，避免把靈氣帶走。

像這樣的故事實在很多，服飾或背帶上的任何一個細節幾乎都指向人性。比如苗族女裝的衣領刺繡，有時並不對稱，可能其中一邊只有半截，李美賢說，那是留有餘地之意。留有餘地，故凡事不會太滿，就好像其中一些展品，明明看得出刺繡者或織布者技藝高超，卻偏偏留下明顯的錯誤。那是有意的錯失，讓後代有進步空間去突破先輩的技藝。

愛意與平等

這些一代傳一代的背帶裡有對家人的愛意，愛大概是少數民族服飾裡的其中一大主題。他們將對家人、對萬物之愛與崇敬融進服飾裡。他們會在背帶裡藏一枝針，以辟邪保平安；又或縫上點綴的白帶，末端繫有銅錢，白帶寓意小孩活到白頭。其中哈尼族以穿衣多層為美為富，李美賢收到過一件足有十五層的上衣，可見造衣者對穿衣者之愛與期望。

這些少數民族不只對人如是，對物亦如是，比如有一條苗族背帶，上方繡有眾多動物：猴子、蝴蝶、蜘蛛、雞、兔、羊、馬、牛、鳥……幾乎甚麼動物都有，人在其中，與動物同在，也與動物同歡，寄寓了眾物平等的思想。而彝族服飾及背帶多見旋渦紋，則表達了人與自然和諧相處。

記在衣上的史詩

中國的紡織最少有七千年歷史，而中國文字大概有五千年的歷史，部份少數民族缺少文字紀錄，而服飾就成為了少數民族記事之媒介。少數民族服飾及背帶上錯綜複雜的裝飾裡，全是一個民族的特性與文化。中國少數民族數千年來或因多方遷徙，或因其與漢族的關係而經多年騷亂，漸漸有些消失了，有些則和其他民族互相融和，而服飾則是記下他們身份與來處的「史書」。

服飾有時是一人之史，少數民族的服飾著重裝飾，但不只以美感出發，顏色、圖樣等的選擇都與穿衣者的背景、身份相關。比如年齡和婚姻狀況可由服飾的顏色與款式看出：老年人穿純藍色服裝，再年老一些的穿黑色。

但更重要的是這些「穿在身上的圖騰」記下了一族之史，李美賢說大多數少數民族沒有自己的文字，只有靠古老的歌曲和紡織工藝把遠古傳統和族人故事代代相傳。比如苗族經多方遷徙，從黃河下游一直遷到長江中游，再至各地。因此在他們的服飾上，會找到黃河、長江、城池、田園等轉化而成的圖案和符號。展品裡有一件深藍色百褶裙，來自貴州省革東鎮的苗族，裙身下段的紋理代表黃河、長江等河流，而中段則以十字繡繡出一行族人騎馬過橋的圖案，正是其千百年遷徙史的寫照。另外苗族的背帶上多有兩至三個小方形，下面是一個大方形，這象徵的正是昔日城池，也是族人對故土的懷念與莫失莫忘。

無形遺產難以傳承

這種繁複的手工藝到底該如何傳承，這不只是中國一地之問題，比如非洲正是奢侈品市場窺伺著的目標，非洲的部落民族服飾漸漸成為國際品牌選取靈感與工藝之地。設計師譚燕玉就從李美賢的藏品中獲取靈感，以古錢圖案設計手袋。這本是好事，但放在中國又如何？這些手工藝放在法國是高訂的一部份，但中國的高訂體制尚未完善，而且當雲貴等地區的政府發展手工藝村時，所謂的發展是引進機器，把手工藝變成大量生產。

另一個問題是手工藝的精確與細節或許可以複製，但少數民族服裝文化的部份卻無法就此簡單複製，其所承載的歷史、情意、習俗，一旦進入商業社會生產模式，幾可預知蕩然無存。唯有寄望如李美賢所言，由藝術家與設計師攜手，去幫助少數民族保留傳統。

苗族盛裝，她們把最好的放在背後，因為在背後的稱讚才是真正的稱讚。

5

衣亦有感

有點明白為甚麼巨大的毛衣，會讓夏宇想到巨大的書，有時覺得文字和毛衣都是同樣的無中生有，由細長的線開始編織，直至不同形狀的成品出現，套在頭上是帽，穿在腳上是襪，多加一個開口，穿進兩條腿那是毛底褲。羊毛與身體的關係很有趣，羊毛製品總有入口或出口，進去了的身體部份被包裹著、保護著，但那卻不是能永遠躲藏在內的洞。

衣服竊竊私語

陳慧嫻唱：「這夜我又再獨對　夜半無人的空氣／穿起你的毛衣　重演某天的好戲／讓毛造長袖不經意地　抱著我靜看天地／讓唇在無味的衣領上　笑說最愛你的氣味。」而王菲唱：「你的衣裳今天我在穿　未留住你卻仍然溫暖」。當我們談論衣服，總想到其質感：輕柔軟熟，又或粗糙冷硬，但有時我們總是忽略了衣服有其節奏與聲音：因為你動，衣服就會跟著動。

又或者可以這樣說吧，在穿衣的過程中，因扯動而改變衣之形態，比如披在身上、比如套頭而穿，衣服摺疊又舒展，扭鈕解開扣上，拉鍊開了又合，全部都是有聲音的，就如衣服在穿上的過程中有話要說。

衣之絮語

幸好世上總有不少有心人，將我們忽略的東西用其他手法呈現。說的是H&M集團旗下的COS，價位較高，主打成衣設計細節結合務實定價，因為在意質量，故此在宣傳上，一切總是回到衣服本身。這個品牌很聰明，它的廣告就告訴了你，它在意衣服——那是一個有關衣服會說話的廣告，或者可以稱之為「衣之絮語」。

此一廣告，就叫作 The Sound of COS，其實是戲中戲，關於兩個人正在為一段廣告片配音。一開始其中一個人將籃球放在撒了胡椒粉的桌子上，一個將花盆倒扣在支架上……他們做每個動作都發出了聲響。然後他們關門，牆上投影的畫面開始播放，他們就以這些道具為牆上的畫面配音。

眾相有聲

一開首，是男人的皮鞋咯咯咯地磕在地板上，然後聲音與穿高跟鞋的女子交集。女子轉身時衣服發出的聲音，其實是籃球隔著胡椒粉與桌子磨擦的音效；女子穿大衣的聲音，是厚硬手套磨在褲子上，發出「沙沙沙」之聲；扣鈕是廁所泵在地上拉起時的清脆氣音；拉拉鍊，是拉百頁簾的滑音；豎起衣領，則是撐開雨傘時的俐落聲響……

這樣一齣衣服的眾聲相，真是眾聲輕語，太好了，當然也會想，若果我們有足夠的敏感，我們也當能聽見衣服的竊竊聲音，倒不用這樣刻意為之，我們都擁用這種敏感，尤其是當我們處於一段關係最親近與最親密之時……

分離與靠近之音

衣服有其聲響，扣一顆鈕、解一顆鈕，拉鍊拉不順，都有其聲音；毛衣套頭而過、豎起衣領、捲起袖子，皆有其聲響；而我們總在日常中忽略這種細微又溫暖的碎音。還有另一種衣服的聲音，較易為我們所察覺，那是既遠且近間，情人間衣服摩擦，又或風吹對方衣裙，因為在意兩人間之相親，故這些細碎聲響更彰顯著靠近離遠時，心頭微微顫動之感。

台灣詩人葉莎近來因好友離台，寫有〈河邊。春夢〉，當中有兩句是這樣的：「夏末。擁抱／想念是柔軟的衣衫／摩擦之後，靜靜笑了」；先是從情感的想念到觸感柔軟，然後是衣服摩擦的聲音，寫得真是太好了。靜靜笑了，到底是衣之絮語，還是好友之間笑意連連？無論何者，皆能從衣之摩擦沙沙中意會兩人難得之情感。

烏鴉振翅的聲音

書寫衣之情感，不禁想起三島由紀夫的〈星期日〉，秀子和幸男在星期日到林間去，走久了，秀子微微出汗的身體，使幸男想擁抱她，但又「坐地上怕蒺藜，兩人合著嘴唇就那樣坐到大殘株上」，那可就是求之不得而輾轉反側吧，你說該怎麼辦？

三島由紀夫是這樣描寫在恬靜的林間，秀子和幸男是怎樣親近對方的：「兩人挺著身子倚偎在一起坐著。兩人像插在看不見的書架上的兩冊書一樣地偎著身子。不一會兒嘴唇分開了，摩擦著臉頰。於是他們看見兩人之間，即幸男的腿和秀子的腿之間，長著一棵美麗的綠色小樹。」

因為親密無間，故兩人無從發現衣服間的綠色小嫩樹，三島由紀夫寫這樣帶點神聖氛圍的時刻：「從雲間射下的午前的陽光，照耀著採伐地野薔薇的嫩葉，幸男和秀子面前的小嫩樹，縮寫般微小光潤的嫩葉增了光輝。形雖小而完全的葉脈，那無塵的清新，如秀子所說的，像剛剛長出來一樣，深深打動兩人的心。」

三島由紀夫以衣服的聲音，寫出了情人間親密無間的關係。

因此世界靜下來了，世界也簡略得只有他們二人，唯有，「這時衣服的摩擦聲使兩人吃了一驚。是烏鴉。從林木間飛過的烏鴉振翅聲聽起來像衣服的摩擦聲。」在這兒，衣服的摩擦聲窸窸窣窣，竟像烏鴉振翅的聲音，真有種鳥鳴山更幽之感。那就明白在戀人親密的世界裡，一切都沉澱下來，唯有竊竊的衣之聲，叫他們從二人間的世界回到現世中。

觸動心靈的舞衣

林懷民的雲門舞集將推出雙舞作《白水、微塵》，當中的《白水》，舞者穿上白或麻色的舞衣，襯著法國作曲家艾瑞克・薩提的《吉諾佩迪第一號》，琴音永遠慢慢的，像水那樣流過去，那隨舞步躍動衣袂飄飄的白衣，卻叫人想得太遠。衣與舞——身體移動，衣服在其間或緊貼此身，描出輪廓，又或飄動如向著逆反的遠處而去，恍若舞衣也有了舞者的輪廓，縱使那是瞬息隱滅的形相。

而現代舞衣其實與現代服裝的簡化深有關係，不是麼？遙想十九世紀末、二十世紀初，當女子仍困囿於緊身胸衣之中，現代舞蹈之母依莎多拉・鄧肯身穿薄紗輕衫，赤腳起舞，她相信自由而舞能表現出自由精神。

模糊化開的瞬間

有人稱鄧肯為森林女神，她對舞蹈最初的觸動，就是來自大自然中波浪的旋律，諸如海面的波湧與微微搖晃，風的狂號與輕恬，就是地球與天上的星體，也一直轉動，從最初到永遠。

看過一幅鄧肯站在岩石上的照片，身體側向左方，右腳踏前，而身上的薄紗正擺動著，於光中如像快要化開，那就如像舞者的身體也將於舞動中模糊了，然後化開了。還有一幅是她在大海前跳舞，身體輕輕躍起，歡快得很，而後方是整個和應著她的大海，波浪翻動。那是多幸福的瞬間。

這趟，林懷民的《白水》一樣以水為意象，將自花蓮立霧溪拍得的照片，經電腦處理後，將水流投影在舞者身上，正確來說，也是投影在舞者身上那如同白畫布般的舞衣上——那是水過不留痕麼？還是世間萬事皆有痕跡？

動靜之間觸動心靈

看林懷民的訪問，他說衣服在任何動作發生以前就做好了，但設計師還是來到排練場，仔細觀察，只因她要為舞者的氣質量身訂做。

嗯，那就恍若舞者與舞衣之間有了一種特別的聯繫，那是單單適合某一個身體的衣物，無怪乎舞者說舞衣是另一舞伴，總想著該怎樣和它達到諧和。如此純樸如水的純棉、純麻白衣，舞者旋轉、舞者慢慢靜下來、舞者互相感通移動，而舞衣配合著，跟隨著……

林懷民說在編作的時候，是順著衣服得到的感覺開始律動，是順著「這個衣服觸動你心靈的那個東西」，如此說來，衣服觸動心靈的又是甚麼呢？

為《白水》寫文案的駱以軍說，林懷民帶觀者進入動與靜的悖論，而這些衣服本身就是另一個時間的故事，那些奇怪的垂墜的感覺跟束縛感，形成衣服跟身體之間的反錯。駱以軍談動靜之間的反錯，談得太好了。而談到動靜，免不了想到輕重，想到布料衣物與身體動靜間之張力變化。

垂墜的弧度

現代舞蹈之母鄧肯隨意用寬鬆的絲綢薄紗纏繞身體，就成舞衣，這與她年少時於英國的經歷深有關係。其時她於博物館潛心研究古希臘藝術，從古代雕塑、繪畫中的古希臘披掛式垂墜長袍，找到了她認為理想的舞蹈表現方式。

「事實上從垂墜這個觀念所衍生出來的東西要深遠許多。最初是以布料包裹身體，就像古希臘、羅馬人那樣。我們可以從他們繞著身體裹上布料，令其自然流暢的方式找出垂墜的基礎。」山本耀司於其自傳中多處談到垂墜，他目眩於垂墜，用他的話說，是「被布料在身體上翻騰而自然生成的偶然之美所迷惑」，當中可看到衣服本身的重量及存在感，一種弧形的張力，亦是自然力道的流洩與軌跡，比如說一個恰當的扭結、一個領口的弧度都會使布料垂墜、擺動、落下的方式有所不同。

當談到布料的張力時，山本耀司當然不是說客觀的重量，這一切都是於布料接觸身體後才發生，否即一切都不重要，山本耀司說：「衣服終究是做來穿的。只有穿戴在活人身上的瞬間，人們體驗到愛恨悲苦的每分每秒，它才算完整。」

衣之愛恨悲苦

那愛恨悲苦，如形隨影，大概就是當舞者在台上翻滾、搖晃、拖拉，消失、回來、趨近、退遠，我們看見那不只是一個身體在動，而是垂墜的衣物也一樣有了生命，一時追隨身體，一時拉扯著身體，在自由與束縛之間，在動靜輕重之間，身體模糊了又具體了。

想起法國詩人保羅・福爾（一八七二—一九六〇），數十年如一日，創作的始終是「巴拉德」（Ballades），那是一種民歌形式的短歌。他有詩〈迴旋舞〉：「假如全世界的少女都肯攜起手來，她們可以往大海周圍跳一個迴旋舞。／假如全世界的男孩都肯做水手，他們可以用他們的船在水上造成一座美麗的橋。／那時人們便可以繞著全世界跳一個迴旋舞，假如全世界的男孩都肯攜起手來。」

福爾的短歌，不只有Ballades的音韻律動，也有意象上的律動——在大海周圍跳迴旋舞的女子，迴旋舞有其感知世界的方式，比如說冥想主義的蘇菲舞，旋轉即修練，那不只是跳舞，還是感知世界。無怪乎鄧肯說：「舞者的身體映照出靈魂。」（The dancer's body is simply the luminous manifestation of the soul.）

此或許這就是林懷民所言之舞衣觸動心靈，這種觸動就發生在舞者躍動的瞬間。

與自然同樂，難怪說鄧肯是現代舞之母了。

Alexander Wang
物／人合一

總覺得王大仁旗下生活支線Objects是其副業，讓他在主業時裝設計上永保創意與敏感，不致於離開生活太遠。那些小而美的物件是可用的工藝美學，承載著是他思索物與用物之人的關係——我們都知道本雅明說過，進入工業時代後，機械大量複製，使事物失卻了靈光（aura），但若以現代目光去看，同是複製之物，時裝與快速時裝之間又自有其分別，那大概就是工藝之體現與流水作業式生產的分別。

物品之「用」

Objects是甚麼？萬物有靈且美，自然之物、工藝之物、機械之物，其靈與美又是否對等？本雅明在《機械複製時代的藝術作品》中說：靈光其實是將事物在空間裡更人性地「拉近」自己。時代不同了，現在我們難以避免機械生產，但大量與小量，甚或限量，也是有其分別。保證質量的限量生產，又與用最平宜的生產線去生產大有不同。

Alexander Wang旗下的Objects已於去年底推出了第四季產品，一系列桌上小物品，用料簡單，主要為純金色五金、黑色大理石以及各種黑色材料，包括花瓶、燭台、酒杯、杯墊、骰子、鑰匙圈、煙灰缸、藥丸鑰匙扣、化妝鏡、鑰匙扣掛件和瑜伽墊。沒有甚麼花巧，外形所見即所得。

這些objects，看上去平平無奇，那就很容易聯想到，設計師想人們將注意力放在物件的用處之上。這倒叫人有點驚喜了，時尚設計師或其他設計師，在設計家品時，總會引入各種美學流派，並注入藝術的說法。手上有德國現代主義設計大師奧托・艾舍的《世界是設計》，當中談到日常設計的沉淪：很多日用品都被提升到無目的、純美學的高度，由是失去了用處。

其中的〈不再有實用的日用品〉啟始就說：「這一天或許是第一個無法用以吃東西的刀叉匙餐具上市了。」艾舍說的是Ferruccio Laviani於一九八七年推出的餐具，外形特別，三尖八角，卻難於使用。這些被稱為藝術的日用品佔據了市場，一切皆被冠上各種主義之名，無怪乎他說笑：「我們吃精神的、坐精神的。」由是餐具的含義非關進食，門把非關開啟，椅子亦非關承載。

藉衣著呈現物相

也幸好，王大仁的Objects緊守物之意義與用處。對比其他走在前端、追尋外形之美的設計師，設計師回歸物事本相，倒叫人有一種親切之感：每一件物品既著重功能，也做好自己的崗位，提供一種確實且方便的用處。

是的，重點就在「用」。柳宗悅在《工藝之道》說得好：「世間找不到與大地有所隔閡的器物，也沒有遠離人類的器物。形形色色的物品存在於這世上都是為了對人類有所助益，因此器物若遠離了用途，就等於失去了生命」。

這樣忽然就懂了，Alexander Wang 二〇一四年的秋冬系列，女子身穿滿是工具格的裙子與大衣，揹著的手袋，也可加上各種掛件，這些掛件手袋各是為指定的物件而備，如水壺、相機等等。這些設計簡約又實用，你也因此很難忘記物件的存在。小物件及其功用，也因此更易出現於穿衣者的眼前。借用柳宗悅的話來說，王大仁可謂藉由衣著，把器物的用途，即其生命，再度呈現世人眼前。

物與人相近

設計師自己的說法是身旁女性朋友，手袋裡的小物總是混亂又難尋，更有人因此遺失手機，於是他就想設計出讓女性小物各得其所的衣裙，任何時候也不怕失掉東西。雖然設計師如是解畫，但其設計之美卻令人看出了另外的端倪：忍不住想，這些裙子與大衣充滿了工具袋，簡直就是工匠的工作服，需要的工具全是一伸手就拿到了。

這或許是王大仁將自己的美好意願放到設計裡，那種隨時拿起工具，就進入創作的模式（想起村上春樹的長篇小說《沒有色彩的多崎作和他的巡禮之年》，多崎作的名字有一個「作」字，那意思就是勞作，亦即工藝製作。縱使是被眾人離棄的多崎作，也於創作過程中找到生存之意義）。而同一系列裡，「工具服」以外的，一樣體現王大仁對工藝的推崇，比如以熒光色材料嚴密緊實地織成的上衣，或以填絮方塊形成編織網，當然還有各種鏤空切割技巧。

從古至今，物與人本就親近，其價值也當體現於其用處，而非其他，文藝復興以前的哥德式風格建築物，展現於眼前的，正是藝術的美是與現實生活的交融。這趟王大仁的時裝，把物件之用納入日常穿衣的步伐裡，讓物件與生活重新靠近，也表現了物之美與物之用這一體兩面，將工藝美學重現於世人眼前。

標籤是給衣服的？

有一幀圖片是這樣的，有三個背向攝影師的男子，第一個穿白衣，衣服背部項領處縫了外露的標籤，上邊的資料不是給衣服的，而是給穿衣者：穆斯林／百分之百人類／標籤是給衣服的（Muslim／100% Human／Labels are for clothes）。圖片中間的白人與右邊的黑人，標籤則縫進了血肉之軀裡，一個寫上「同性戀／百分之百人類／標籤是給衣服的」，另一個則是「黑人／百分之百人類／標籤是給衣服的」。

這一切都說出了標籤的作用：給出該物事的資料，但同時也以極有限的資訊，將所含的意義鎖定，由是對該物事的看法，也讓標籤框住了。對待人類，確實不應貼上標籤。但有趣的是，標籤是否真的從一開始就跟衣服相關？

象徵：商品與權力

標籤是甚麼？標籤（Label）一詞原本意指繫在基督教主教帽上的一根布帶或條帶，是權力和標識的象徵，早在一七〇〇年，歐洲印製出了用在藥品和布匹上作為商品識別的第一批標籤，標籤由權力的象徵進入了商品的象徵。

而釘在衣服上的標籤並不是從以前就有，它與現代時裝息息相關，某程度上，時裝設計師的身份也是由其確立。在現代時裝之前，為人所知的就只有裁縫，裁縫與設計師自成一體。法國的現代時尚史離不開一個叫C・F・沃斯的英國設計師，他是世界上第一個創立自己時裝品牌的人，十九世紀中後期，他把自己的名字簽在時裝上，由此，衣服進入了款式可以重覆製造，繼而流通的世代。

時尚反叛者

這小小的，大多數縫於衣服背後衣領處的標籤也不是一成不變的沉悶，也有設計師想逃離這種商品化了的時裝世界。比利時設計師馬丁・馬吉拉的服飾一開始並沒有標籤，後來顧客反映，他才用四條白棉線在四角簡單固定標籤，從一九九七年起，他以白色長方形的獨特標籤為設計，上面以黑色0123的數字分別代表不同類別的衣服系列，以圓圈圈著數字代表該系列，就如選擇題般。雖然馬吉拉很想把標籤帶來的局限看法減到最低，但卻確立了最獨特的身份認知：一看標籤，就知道是他的設計。

另一個時尚反叛者亞歷山大・麥昆，年少時於傳統裁縫店做學徒，負責為衣服縫上標籤，他偷偷的在查理斯王子訂造的夾克裡縫進一條含有髒話的小標籤。猜不到事隔多個世紀，標籤以另一種方式顛覆了其最初所代表的權力。

現代時裝之父C・F・沃斯是第一個給衣服加上標籤的人。

別針的尾巴

別針的尾巴迴了一圈，小時候常想，為甚麼要迴這一圈，就算沒有，別針一樣能固定物件、聯繫兩樣物事。由是那圓與圈，那如像多轉了的一彎，成了我一直不解的地方。

別針是一種怎樣的東西？想起現代主義作家歌楚・史坦那本混雜了散文與詩的立體派集子：《軟鈕扣》。書分三輯，包括「物」、「食物」與「房間」。有趣的是題目並不只有單單的物件，還有一些有所指向、某種狀態下的物件，比如說，集子第一篇叫〈一個玻璃水瓶，那是盲的玻璃〉、又比如〈在某咕啞裡的某物質〉與〈一件大衣的方法〉。

其中一篇叫〈物件〉（Objects）：「在其內，在切口與細長的連結處之內，以及突然的相等卻不多過三，兩個在中心使得兩個在一邊。」讀著讀著，就發現史坦的詩是以一種切入（cut in）的形式，使得切口與連結同時存在，同為一體。

別針有時以刺破之姿進入，然後以跳步的形式連結稍遠的另一區域，中間拱起了一串褶子，又或切入兩處不同之地方，使之連結。別針使方向都改變了，中心與邊緣也改變了。

中心與邊緣，忽爾明白了別針的尾巴，那一處自成宇宙之處，使得一切固定於別針的某一面，而不會滑動，別針引致的褶子，從平面進入立體，在其間有了更多可能。

鈕扣夢幻曲

「你好，我是保羅．史密斯。」那是時裝設計師保羅．史密斯的時裝藝術展覽，有如人生小結，自十七歲因意外而不能成為電單車車手，史密斯開始對設計產生興趣，至今已接近五十年。展覽中最叫人注目的是一堵共有七千個鈕扣的牆。鈕扣如此細小的物件，既有實用功能，又有裝飾功能——由於它的存在，服飾才有更多可能，才會寫成永恆的夢幻曲。

不禁想，鈕扣究竟是怎樣的物事？那不但關乎扣緊與解開（或者說關閉與開啟），更關乎如何保護著穿衣者的身體。每天把身體套進有鈕扣的衣服裡，都需要把相同的程序做一次，久而久之，對那顆小小的鈕扣是因麻木而忽略，還是記住了它的質感？

將情誼收藏

鈕扣雖小，蘊含的情意卻很大，《一代宗師》裡葉問對宮二的情誼不能說，也不能顯露，只能藏起一顆大衣的鈕扣，天天相伴。像這樣的故事，說起來，真是太多太多了。

日本設計師三宅一生珍藏著六百多個陶器鈕扣和模子，那是奧地利藝術家露西理惠在遺言中贈送給三宅的禮物。露西理惠一生都在創作陶器，她的陶器簡靜沉穩，配色絕美，有道家的無為樸拙，她當年製作鈕扣，有時是為了支付工作室開銷的折衷之作，但一樣十分美麗，她離開人世時將鈕扣留給三宅一生，所有相知相惜都藏在鈕扣裡邊了。

永不屈服超越死亡

鈕扣也一樣牽涉生死，在柔軟的衣物裡，它是那麼的堅硬，以至肩負起連結一切的使命。二戰時期，波蘭的軍官、知識份子、藝術家為蘇聯軍兵所殺害，記述這段歷史的波蘭電影《愛在波蘭戰火時》，就有一段關於鈕扣的隱喻，集中營的波蘭軍官說：「我們剩下的，只會是鈕扣。」

鈕扣以其堅硬顯示不屈之姿，同樣經過戰爭之痛的波蘭詩人賀伯特也用過此一比喻，他有一首叫〈鈕扣〉的詩，頭兩句是這樣的：「只有鈕扣從不屈服／目擊罪行而克服死亡」。

賀伯特認為，鈕扣以其微小來控訴戰爭的不義：「只有鈕扣永不屈服／合唱團強而有力的沉默之音／只有鈕扣永不屈服／那些外套和制服的鈕扣」。那些外套與制服都指向逝去者，而鈕扣就是最有力的控訴，在戰火消失後，鈕扣依然提醒著在世者戰爭的傷痛。

與毛粒和平共處

海子詩說：面朝大海，春暖花開。春暖冰融，大地復甦，暖就有這一種重生能力。毛衣是溫暖之物，但溫暖無可能永恒如是，由是毛衣會起毛粒，會殘破。海子在寫下《面朝大海，春暖花開》後兩個月臥軌自殺，他把灰夾克疊好放在一旁，那是愛物惜物，他選擇陪他走最後一段路的是一件毛衣，不禁想，那件毛衣有怎樣的故事，誰給他編織的？大概不是新毛衣了，故才捨得由其血肉與毛衣同歸於寂。

毛粒舊了，起了毛粒，毛粒是廣東話，是毛衣起了疙瘩之意，那疙瘩既指向突起的顆塊，也指向思想上的矛盾與疑慮。海子的思想大概起了毛粒，無法撫平。如果我們的人生，無法與毛粒和平共處，春暖花開就如在彼岸般不可觸及。

毛衣除了毛粒，還有另一種疙瘩，那是在編織過程中漏了針、又或多了一針而引致的或缺乏或增生之物。其時我們並不喜歡這種錯誤，發現得早則拆掉重織，發現得遲，則心裡一直有刺，而後來那個錯誤，有時倒變了特別的回憶。

我們總是在說痕跡，說時間，但其時我們並不懂得（現時更是一知半解）。我們追求整齊，追求完美，追求沒有缺失與傷痛的人生。但死亡與分離如影隨形，誰給你編織過毛衣，你上一次編織的毛衣穿過在誰的身上？那人還在麼？毛衣又在何處呢？

想起另一個無法與人生的毛粒和平共處的詩人——顧城，他這樣寫毛衣：「小時候／我哭過／我要穿紅毛衣／我看見一個小女孩／穿著它／在暖洋洋的草原上走／在淡紅的太陽中走／像一團小小的火焰／可是，我沒穿／因為／我是個男孩子／我有一團／太陽般的紅毛線／我不會織，而且不敢／我是男孩子／我害怕那些會笑的同伴我永遠不能穿紅毛衣／我哭了／因為永遠」

詩是〈紅毛衣〉，顧城哭泣，非關乎毛衣，而是懼怕永遠的缺失。

海子離開人世前仍然惜物。

寫字及打毛衣

夏宇說出版完第一本詩集後，跑了去學打毛衣，結果發現自己做不來。便把剩餘的毛線請一位太太代打，她打出一件巨大的毛衣，沒有人可以穿，幾乎可以做帳篷露營。夏宇說：「那件大毛衣讓我著迷。我的第二本詩集開始有了雛形。我想出一本非常大本的詩集，大到所有書店的書架都放不下。」

有點明白為甚麼巨大的毛衣，會讓夏宇想到巨大的書，有時覺得文字和毛衣都是同樣的無中生有，由細長的線開始編織，直至不同形狀的成品出現，套在頭上是帽，穿在腳上是襪，多加一個開口，穿進兩條腿那是毛底褲。羊毛與身體的關係很有趣，羊毛製品總有入口或出口，進去了的身體部份被包裹著、保護著，但那卻不是能永遠躲藏在內的洞。

羅蘭・巴特很早就將編織和書寫一起談了，打毛衣是編織毛線，書寫則是編織他人說過的話。有時這種說法會讓人落入像虛無主義般、意義滑動的失落感之中，夏宇就寫過：「我只知道我穿著的毛衣脫了線／只要你拉著那線愈拉愈長／我整個人就會消失不見」，在那眾多的語言之線中，我這編織者還存在麼？

我們總追求獨特，以證存在，幸好，毛衣包裹著我，那種溫暖是真實的，幸好露出在外、穿薄襪子的腿感到了初冬的寒意和乾躁，一切都如此真實。

雨天往事

連日如同春雨綿綿，陰鬱，牆壁和地板都黏膩，人也慵懶如失卻生之敏銳。說好的夏天一直不來，只有模糊的天氣、模糊的情緒、模糊的人事。黑雨突然而至，處身深樓裡的辦公室也聽得見外間的雷聲，如像我真正的驚蟄此時才到來。黑雨過後一覺醒來，雨勢已經收小了，天一樣沉鬱，又像多了一種明快。淋漓大雨，有時也帶來數分清醒。不如我們又看看天橋上的雨，在沉悶的、周而復始的潮流中，是不是也帶來數分清醒？

雨夜倫敦

一九六四年的電影《秋水伊人》（又譯《雪堡雨傘》）是關於雨傘店老闆女兒與情人的愛情往事。記得開首，下雨的法國街頭，七彩的雨傘，忽然走來六個持黑傘的人，恍若帶有不祥的感覺。而我們總愛把故事的悲傷下場歸咎於雨。

英國品牌 Orla Kiely 二〇一四年秋冬系列，也是以《秋水伊人》為靈感。場景卻換了倫敦街道，昏暗燈光，穿風衣的女子，有人用報紙擋雨，有人手持透明洋傘，恍似各有心事，穿梭於下雨的街頭，她們的心事，也只有在經過街燈之時，才恍若明亮了起來。雨勢稍微時，穿黑領白裙的女子把報紙展開，細細讀著，大抵她也等著讀她心事的人到來。

奧拉・凱利的設計總帶點跳脫，就算在昏暗的雨夜一樣如是，比如說鮮黃拼貼土黃色的上衣，是雨夜中的明亮。還有衣服上的圖案，遠看一點一點，像雨，像心事，近看才知道是小貓和小狗的圖案，忍不住就笑了，笑自己想太多，笑自己把悲傷歸咎於雨夜。

從行人道到天橋

想起香港設計師陳刀，父親從事針織設計，母親車衫，年少討厭製衣業，後來卻情歸時裝設計。畢業後開樓上舖，碰著沙士，三個月沒有顧客，只好自救，派傳單，又搞fashion Show。

所謂fashion show，其實就是在樓上舖下面，銅鑼灣街頭舉行。近來在英國舉行的高堤耶世界巡迴展叫作「從行人道到天橋」（From the Sidewalk to the Catwalk），這一句放在陳刀身上更適合，只因到了舉行時，突然下起雨來，但陳刀照樣決定開騷，模特兒們就在下雨的街道上走過，陳刀也就一戰成名，他的設計就從行人道走了上天橋。

大衣
冷暖人間

這是反覆無常的冬天，天氣變冷又變暖，人情亦如是。剛從衣箱取出來的大衣穿不了數回，又要再入箱。想起離去很久的老詩人柳木下，他寫過一首關於大衣的詩，他問「大衣是為甚麼而製的」？不禁想，大衣，如此理所當然的產物，最初是怎樣來的？

柳木下的〈我，大衣〉是大衣與人的相對照：「隔著一層玻璃／我望著大衣／大衣也望著我」、「沒有體溫你冷嗎我說／沒有大衣你冷嗎大衣說／隔著一層玻璃／戀著大衣／大衣也戀著我」，大衣是溫暖之物，為穿衣者帶來溫暖，與安全的感覺。在柳本下的詩裡，人與大衣似各有缺失，但實質也只是人感到冷，大衣何有感覺？

女體的前世今生

是的，大衣帶來安全感。大衣的起源本就是來自打仗時的盔甲，盔甲既有保護身體亦有增添氣勢之用，讓敵人無法得知你的虛實。從冷硬的盔甲到軟熟的大衣，中間有多重材質的轉變，先是鋼鐵、皮革、然後到羊毛，再到新式材料。由支撐能力較強的材質到較柔軟的布料，變革的也是對身體的看法。以前歐洲女性穿著繁複的服裝，由緊身胸衣與裙撐束縛而成的S形身形，到現代大衣的簡約身形，大衣的前世今生正好呈現了西方對女性身體的看法的轉變。

大衣的歷史也就有關如何藉服飾塑造身體的形態。自上世紀初時裝設計師保羅・波烈以他妻子纖細的體型與東方情調為藍本，推出一種高腰長袍、帶垂掛感的裙子，自然的身體形象重回大眾視野之內，女性大衣才得以從男性軍裝與外套中蛻變而成。

必須表現你自己

意大利品牌Max Mara就是以大衣起家。誕生於一九五一年，創辦人馬拉莫蒂第一個時裝系列就是一件駱駝色大衣與一套粉紅色套裝。大衣是女性服飾的最外一層，所有都被大衣收藏了。難怪Max Mara第二代傳人呂基・馬拉莫蒂說：「當一個女人穿著一件大衣，你不會看到裡面的其他衣服，所以它必須足以表現到你自己！」

Max Mara的成名作還有法國設計師貝雷塔於八十年代設計的「1181」孖襟大衣。其接縫處非常簡約，當代藝術家卡洛斯・馬丁內斯為此做了一件作品，將大衣拆解，取下布料，只剩下接縫線形成的骨架，那種簡約的線條就如放大和稍稍變形的衣架，完全和上世紀初的胸衣呈相反的方向——身體在其間，正可自由活動。

Paul Poiret奠定現代時裝簡約的線條，間接也影響大衣的發展。

時尚打了結

二〇一四年Chanel春夏系列，有兩款雙色鞋，那是Chanel 一九五七推出的經典鞋款之變奏。這兩款雙色鞋，一款黑白拼色，一款黑裸拼色，有趣的是鞋跟設計成麻繩外形，還是打了結的麻繩。這打結的鞋跟，就如像時尚的隱喻：扭一扭，打個結，把形狀改變，一切就不一樣了。

打結不只是外形的改變，也是空間的美學。由是單一的繩子，因為打結，而有了內外之分，也把一條沒有變化的繩子變成了由繩結作分界的有意義之物。未有文字之前，古人就以繩結紀事。而無論東方還是西方的時裝，都與打結深有淵緣，古代大多以衣帶打結固定身上的衣料，造出各種不同形態，就算連結衣服各部份的鈕扣在某些地區也是打結而成的。

男裝鞋的變奏

從上年紀二十年代的「女男孩」時代，到其後的數十年，Chanel創辦人可可・香奈兒都擅於從男裝中獲取靈感，無論是細節如扣子的排列方法、手袋的鍊子、還是運用男裝布料設計女衫。而這款雙色高跟鞋就是從休閒男鞋中獲得靈感。一九五七年，Chanel第一款推出的雙色高跟鞋是黑色拼裸色，黑色耐髒，裸色有拉長效果，而且鞋跟只有六公分，方便女性行動。

第一款雙色鞋大受歡迎後，Chanel接著推出四款不同的雙色鞋，分別適用於不同場合。可可・香奈兒從來都擅於宣傳，她說她只要四雙鞋子就可以環遊世界。她的說法正展現了她的態度，其時女子穿鞋，總得與衣飾配為一套，而可可・香奈兒設計出百搭的雙色鞋子，打破了既定之穿衣法則。如同打一個結，她改變了一切。

二〇一四年春夏系列，老佛爺卡爾・拉格斐再一次帶領Chanel設計團隊重現可可・香奈兒的經典，只是這次鞋跟打了結，要把這結解開麼？時尚的秘密就在此，解了這一重，時尚的魔法就散失了。

1962年，Romy Schneider一身Chanel打扮。

6

女子有穿　女子有寫

《商市街》裡還記下蕭紅寫信給舊學校裡的圖書先生，圖書先生帶著小女兒來訪，「那個穿紅花旗袍的小姑娘，又加了一件黑絨上衣，她在籐椅上，怪美麗的。」這個小女孩有點不耐煩，不停嚷著要爸爸快走，蕭紅說：「小姑娘哪裡懂得人生！小姑娘只知道美，哪裡懂得人生？」

蕭紅卻必得懂人生，因為她寫信是去求助的，最後圖書先生放下錢走了。蕭紅窮，故她不能只知道美。

蕭紅

女子有寫　女子有穿

去看電影《黃金時代》，除了因為蕭紅的才氣，也因為她與香港的因緣。她一生風塵僕僕，最後十餘年間，從呼蘭縣、哈爾濱、青島、上海、日本東京、武漢、重慶、西安、輾轉到香港；就是在香港，生命最後一個多月，因著戰亂，病中的她輾轉遷移十處。但也是在香港這最後的兩年，正是她創作的黃金時代。不再是商市街的貧與餓，在這兒她有一處靜心寫作之地，她完成了《呼蘭河傳》、《小城三月》，也留下了未竟之稿《馬伯樂》。

為愛改變形象

曾經蕭紅與蕭軍連暖身之衣也不夠，買頂帽子與襪子也要在饑餓與慾望間掙扎。蕭紅後來與端木蕻良一起到了重慶，蕭紅已任教授，倒可給自己做一身好看的旗袍了。胡風之妻梅志所寫紀念蕭紅的文章〈「愛」的悲劇——憶蕭紅〉就提到了蕭紅如何給自己做衣服。

女子回憶女子，也就與男子的回憶不一樣。梅志有多處寫及蕭紅的衣著。比如說蕭紅因與蕭軍感情有變而決定到日本去，梅志這樣寫：「是天氣正熱的時候，蕭紅到我們住處附近來做西服，說是要到日本學習去。這時我想她已經從愛的糾紛中擺脫了，我為她高興。」

梅志說蕭紅不只做了西服，連髮型也改變了，倒是梅志看不順眼，覺得不適合蕭紅：「可能是為她餞行，還是別的場合，我又見到過她。這時她不但穿上了新衣服，還燙上了蓬蓬鬆鬆的頭髮。西服是便宜料子，又是小店做的，穿在她身上我感到反而失去了她過去的平淡樸實，那一頭燙髮也沒有兩條粗辮顯得大方。我想她可能想徹底改變一下舊容貌了；不但是想換個生活環境，連形象都想改換一下吧。但是依我看，她這一改，倒有點不倫不類，很像當時的朝鮮婦女了。」

她有自己的審美力

蕭紅到日本後過得寂寞又鬱鬱，不久魯迅離世，蕭紅更是在日本待不下去，很快就回國，梅志在許廣平的新居常常遇到來訪的蕭紅，「她恢復了過去的樣兒，穿著簡單樸素，頭髮也是平順的短髮，使我感到她又平易可親了。」

蕭紅與端木蕻良一起後，到了重慶，經濟上寬鬆多了，給自己做了一身好看的旗袍。電影裡也有這一幕，地點卻由重慶改了香港，改成了一九三九年初春，蕭紅到胡風與梅志於香港的居所探訪他們，她穿一件十分合體的黑絲絨長旗袍，告訴梅志：「是我自己做的，這衣料，這金線、還有這銅釦子，都是我在地攤上買的，這麼一湊合不是一件上等衣服了嗎？」

據梅志所記，蕭紅「將金線沿邊釘成藕節花紋，那有凹凸花紋的銅扣被她擦得鋥亮，使這衣服顯得光彩奪目，穿衣人也就頗有神采了。」梅志還稱讚蕭紅有審美力，也憶記另一件蕭紅親手縫製的毛藍布旗袍，只用白絲線繡上了人字形花紋，就顯得雅緻大方。

美與人生

蕭紅確是有審美力的，但在亂世，穿衣就不是放在最前的事項了。《黃金時代》談自由，有時談女性的自由總不免與她一身衣著扯上關係，或許寫作的女性從西方的吳爾芙到中國的蕭紅、張愛玲，都免不得為經濟而煩惱，而一身整齊的衣著，某程度上也反映了手頭寬裕。

魯迅於上世紀二十年代寫下〈娜拉走後怎樣〉，他要說的就是除了覺醒之外，女性還需要有經濟支持，而這就得待社會改變，婦女可參與到經濟活動裡去，否則娜拉走後，免不了墮落或往回頭路走。

二十世紀初，正是女性思變的年代，東西方亦然。自由之訴求，最易見諸外在打扮。比如說西風東漸，服裝最先出現變化，甚或有男裝女穿，十九歲的蕭紅就曾剪短頭髮，拍下一張穿男裝的照片。而蕭紅出生翌年，當時的臨時政府議定了「民國服制」，男穿西式或袍褂式、女穿對襟長衫加長裙，但也擋不住西服對女裝的影響。上海就十分流

上世紀二〇年代的歐洲，女裝的解放與女權深有關係。其時，地球另一邊的中國也一樣經歷同樣的解放。

行上衣下裙的「文明新裝」（亦即學生裝），裙子亦逐漸縮短至膝下一二寸，因此影響了各地女子穿衣。

《黃金時代》裡也見蕭紅離開學校後，仍是穿黑色學生裙，可見其風行。蕭紅於衣裝是有留意的，就是在商市街最窮困窘迫的日子裡，仍可見她對美的想望，雖然這想望有時傷了她的自尊。

她與蕭軍搬到蕭軍學生住處後，她有不少著墨於學生姐姐的服裝與如血的口紅。《商市街》裡還記下她寫信給舊學校裡的圖書先生，圖書先生帶著小女兒來訪，「那個穿紅花旗袍的小姑娘，又加了一件黑絨上衣，她在籐椅上，怪美麗的。」這個小女孩有點不耐煩，不停嚷著要爸爸快走，蕭紅說：「小姑娘哪裡懂得人生！小姑娘只知道美，哪裡懂得人生？」

蕭紅卻必得懂人生，因為她寫信是去求助的，最後圖書先生放下錢走了。蕭紅窮，故她不能只知道美。

女子裝飾心理

蕭紅談衣裝，直達核心。她談古代氏族男女的裝飾，寫有〈女子裝飾的心理〉。她先從原始人談起，「原始人裝飾的用意，一方是引起異性愛悅，一方是引起他人的敬畏。事實上，各種裝飾是兼具此兩意義的，這實在是生存競爭中不可少和有效的工具。」

蕭紅指出原始男子的裝飾較女子講究，因為其時沒有確定的婚姻制度，無恆久的配偶，男子要得到伴侶較女性為難，故得處處突出自己。蕭紅從此處想到自身所處的時代，「但在文明社會中，男女關係與此完全相反，男子處處站在優越地

蕭紅十九歲拍下的穿男裝照片。

位，社會上一切法律權利都握在男子手中，女子全居於被動地位。」

因為男子可以自由行動，女子卻受約制，就只得「藉種種手段以取悅異性了。這種手段，便是裝飾。」這種種裝飾手段，不只在於化妝、服飾，大概也在於各種姿態上。此所以女性自由之穿衣，大抵得在女子不再處於被動地位之時，裝飾才不再是取悅他人之手段。

魯迅與不調配衣著

蕭紅懂人生，也懂美，但她也有配搭錯誤之時，有一次她穿著有寬袖子的大紅上衣，配上咖啡色裙子，如常又到魯迅與許廣平家中消磨時日，消磨她鬱鬱的心情。那天魯迅的病剛好了一點，坐在躺椅上抽著煙，蕭紅就問：「周先生，我的衣裳漂亮不漂亮？」魯迅的答案是「不大漂亮」，因覺得顏色不調配，這「不調配」就是不適合的美學，日後蕭紅用此不調配的概念來回憶魯迅。

不再穿的短靴子

根據蕭紅引述魯迅所言「誰穿甚麼衣裳我看不見得……」，魯迅其實不大注意人的衣裳。這次蕭紅問起身上配搭，魯迅慢慢說來「不調配」的原因，說蕭紅裙子配的顏色不對：「並不是紅上衣不好看，各種顏色都是好看的，紅上衣要配紅裙子，不然就是黑裙子，咖啡色的就不行了；這兩種顏色放在一起很渾濁……你沒看到外國人在街上走的嗎？絕沒有下邊穿一件綠裙子，上邊穿一件紫上衣，也沒有穿一件紅裙子而後穿一件白上衣的……」

當時蕭紅穿了咖啡色的裙子，還帶格子圖案，魯迅評為：「顏色渾濁得很，所以把紅色衣裳也弄得不漂亮了。」說起配搭的美學，魯迅來勁了，又忍不住議論了平常該如何穿衣，都是普通諸如「人瘦不要穿黑衣裳，人胖不要穿白衣裳；腳長的女人一定要穿黑鞋子，腳短就一定要穿白鞋子……」的規條。

但在魯迅與蕭紅的對答中，也展現了魯迅的細心。蕭紅記：「那天魯迅先生很有興致，把我一雙短統靴子也略略批評一下，說我的短靴是軍人穿的，因為靴子的前後都有一條線織的拉手，這拉手據魯迅先生說是放在褲子下邊的……」蕭紅忍不住問為何不早告訴自己，她都不穿那靴子了，魯迅答道就是蕭紅不穿了他才說，免得因他的說法使得蕭紅不穿那靴子。

悼念魯迅的女子

蕭紅問起何以魯迅懂女子衣飾美學，魯迅說是在日本時隨手拿起書來看的，日本人在各種美學上都深究其底，魯迅在日本留學時當然感受良多。可是魯迅逝世後，這地方對魯迅的感情就不若魯迅對日本的深，或許就由當時在日本的蕭紅慢慢道來。

蕭紅憶述魯迅，與他人不甚相同，或許就在女子於衣之細節的留意之中。她記魯迅常到老靶子路一家小喫茶店，泡一壺紅茶，和青年人坐一道談一兩個鐘頭。偏偏有一次，坐在魯迅後邊的是一個穿不調配衣服的女子：紫裙子黃衣裳，還配上花帽子。女子離去時，蕭紅記：「魯迅先生一看她，用眼瞪著她，很生氣地看了她半天。而後說：『是做甚麼的呢？』」魯迅原是受不得，亦看不慣胡亂配搭的衣著。

魯迅逝世時，蕭紅在東京，東京人對魯迅不怎麼有看法，仍是過著日常生活，唯蕭紅惦掛著魯迅逝去了，每日過得惘然。日華學會開魯迅追悼會，蕭紅那一班四十多人，只有一個女生去追悼魯迅，回來當然讓人取笑了。蕭紅寫這女子：「她的臉紅了，打開門，用腳尖向前走著，走得越輕越慢，而那鞋跟就越響。她穿的衣裳顏色一點也不調配，有時是一件紅裙子綠上衣，有時是一件黃裙子紅上衣。」

魯迅大概猜不著，在他曾經留學的日本有一個穿不調配衣裳的女子悼念他。一個未必懂得魯迅美學的人悼念他，蕭紅是看到魯迅的孤寂了。由是蕭紅說：「這就是我在東京看到的這些不調配的人，以及魯迅的死對他們激起怎樣不調配的反應。」

旗袍往事

先前從《黃金時代》談到中國女子的命運與衣著。但或許湯唯始終不是張曼玉，她的旗袍造型沒有引起太多討論，倒是想起許鞍華另一套與張曼玉合作的電影《客途秋恨》（一九九〇），那是關於兩代女子迷惘的故事，七十年代的香港，張曼玉倫敦留學歸來，陪二戰時留在中國的母親回到故土日本，歸來後又復到文化大革命中的廣州去探望中風的祖父。倫敦、香港、日本、澳門、廣州，多城故事，站站都是客途，兩代女子都有此身雖在堪驚之感。

60's：旗袍黃金時代

當中有一段少女張曼玉從澳門回到香港，驚見當年的母親、謹言慎行的日本女子，已變了穿摩登旗袍的香港少婦，能說廣東話、打麻雀，做自己喜歡做的事。

當時是六十年代，陸小芬飾演的母親穿時興的無袖旗袍，那是受歐洲時尚影響而改良了細節與剪裁的旗袍，介乎西方的連身裙與東方的旗袍之間。此時大概是旗袍的黃金時代，再過十年，就愈發少人穿旗袍了，旗袍也從日常衣著轉變為隆重場合時的衣著。

香港女子穿旗袍，她們不知道不只為自己穿，也為另一些女子而穿。香港的穿衣風格原就既受西方時尚影響，亦受上海風潮影響。而在一九四五年後，因中國內戰，上海商家攜巨富來港，旗袍裁縫老師傅亦一樣來到了南方小城。

為了土地另一方的人

香港不只在風格上承接上海摩登，也保留了頂級技術。而更重要的是，一九四九年中國建國後，內地衣著與政治關係益發密切，人們改穿深藍色中山裝，早期尚可穿蘇聯花布裙，後來則愈演愈烈，衣著倒成了彰顯忠誠與否的工具，你最好別跟他人有所不同。

那數十年大概是穿一樣衣服說一樣話的時期。而南方小城香港，從滿服蛻變而成的旗袍，在此處與西方剪裁結合，女子穿著旗袍招搖而出，開始有自己獨立自主的人生，她們卻未必知道自己的身上衣，她們的自由，也有另一種意義——承接著血脈相連另一地女子的命運，讓她們知道世上還有另一種可能，還有另一些生活。

又想起《客途秋恨》，無論張曼玉走到那麼遠的倫敦，她終要回到她自身的身份，在日本之旅與廣州之旅中，思考自己的將來——是的，唯有在充份了解自己的身份後，才能思考將來。香港位處中國偏南，無法割斷與中國的關係，我們傳承著也發展著中國文化的種種。而我們所做的，我們所尋求的自由，不只是為我們自己，也是為了土地另一邊的人，他們不能做的，我們努力為他們而做，讓他們知道世上有更多可能性。

上世紀六十年代，邵氏女明星們的合影。可見其時旗袍的發展深受西方連衣裙的影響。

咆哮時代的民國女子

西方稱上世紀二十年代為咆哮的時代，在世界另一邊的中國，也同樣是風雲變色的時代，政治、文化、時裝，同樣都是千變萬化，在中與西、新與舊、保守與解放之間，碰撞出各種可能。二十年代，有魯迅寫下〈娜拉走後怎樣〉，也有很多出走的女性，其中有悲劇有奮鬥，若說當中影響時人最深的女子，就不能不談呂碧城，她正是一個有才有智、有勇有謀、自重自立的女子。

呂碧城於一八八三年出生（題外話，這一年，另一女子也於法國出生，一樣顛覆了世人對女子的看法，她就是時裝設計師可可・香奈兒），原是富貴人家的千金，年少時父親亡歿，十二歲的呂碧城使計救出被劫持的母親，雖保安全，卻也使已許配下婚事的親家因其機智而提出退婚，其後與母親和姐姐投奔娘舅。

投奔自由裝扮前衛

二十歲時，呂碧城因遭到舅舅阻撓「探視女學」而隻身乘火車往天津，並被大公報聘為見習編輯，更於同年倡辦並促成了北洋女子公學（後來為北洋女子師範學堂），更成為中國第一位女教習。其後更憑自身能力賺錢，赴美唸書，也多次到歐洲等地遊歷，並寫下《歐美漫遊錄》。

她於北洋女子公學任教習時，《大公報》登過一篇文章，批評幾位教習打扮妖艷，招搖過市，有損師德。當時呂碧城很生氣，現在回看呂碧城之照片，你會發覺，她確比很多民國女子前衛。

在網上搜尋呂碧城，跳出來的照片，叫你驚訝她於那個年代走得有多前，比如有一幀是她在倫敦，頭戴當時時興的誇張頭飾，高腰裙子頗有保羅・波烈的帝國風格（Empire line Dresses）之感。

對衣飾的反思

手上有一本袁仄、胡月合著的《百年衣裳：20世紀中國服裝流變》，當中談到二、三十年代，國人因西風東漸，多關注衣飾，也多就社會上對女性衣裙之度與髮型的規束作反思與反抗，有趣的是，其時有關時尚的雜誌，並非只關乎衣飾，袁仄、胡月就提到《上海真相畫報》是集政治、藝術與生活於一身的刊物，展示時新的服飾髮式的同時，也記錄當時的政治事件。此外亦有《婦女雜誌》與一九二六年創辦於上海的《良友》畫報等刊物。

這些刊物既滋養時人的美學意識，亦有助推廣社會解放之風。可惜的是，於《百年衣裳》這本書裡有關中日戰爭前的時尚，多論及女裝旗袍之長短款式變化，先驅者如呂碧城之流就變成滄海遺珠了，叫接近一世紀後的女子如我，不禁猜想呂碧城任教習時，是如何打扮妖艷，招搖過市。

呂碧城於倫敦，頭戴當時時興的誇張頭飾，身穿高腰裙子。

那些穿旗袍的女子

有一張舊照片是這樣的：女子坐在梳妝檯前，側身而坐，斜斜向著鏡子，我們只看到她的背面，那貼身長旗袍，在腰間因坐姿而有了些摺痕。女子蹺腿而坐，一隻腳微微蹺了出去，讓旗袍掩著，看不見真貌，只看見裙腳下的腳面與高跟鞋；另一隻腳因著高高的開衩而露出來了，小腿的曲線弧度全都溫潤可感。她一隻手輕放膝蓋上，另一隻手托在腦後正在整埋頭髮，是新燙的髮型麼？女子眼前那一塊大圓鏡，映照了她的上半身與妝容，她正凝視鏡裡的自己，鏡裡的她也如像斜斜睨著照片外的我們——那些多事的觀者正意圖從這些舊時空、舊照片裡穿旗袍的女子形象中，尋回一些女子對自身看法的殘缺片段。

是的，殘缺片段。照片也一樣是殘缺片段，那是一段連續時間裡的某一塊磚頭，假使某一地某一時某些人共同組成的人生——姑且稱為時代——是一堵無窮盡的高牆，那麼任何相關的記錄，由個人的回憶、歷史記載、舊照片到舊物，全都是這堵無可能再重現的高牆的殘垣敗瓦，以供後來的人反照前人的人生，從而明白當下這堵高牆的過去，現在與未來。

旗袍的銀幕影像

旗袍作為一種風格或形象，在華人社會裡既是女性開始解放自己的身體，亦是女性形象開始在視覺影像裡大量留下並流傳，時代女性的旗袍形象留了在日常及隆重場合的照片中，而女明星的穿著則留了在舊電影以及懷緬舊時代的電影裡。而無論是大銀幕還是老家玻璃下壓著的舊照片，這些穿旗袍的女子，都呈現了美亦呈現著她們對人生的追求。

有關旗袍的電影實在有太多了。旗袍作為一種衣著，一如其他穿衣風格反映了時代面貌，也反映了穿衣者對自身的看法。有趣的是談到有關旗袍的電影，最好的倒不是有關旗袍起始地的電影，而是故事背景設於六十年代香港的《花樣年華》。

旗袍可說是《花樣年華》的其中一個成功要素，因著旗袍，人與人的距離與靠近才如斯可知可感。王家衛的電影總是一而再地演繹同樣的故事——陌生人擦身而過，然後讓對方的人生起漣漪。《重慶森林》開首不久，林青霞與金城武在狹窄的過道擦身而過，金城武說：「我們最接近的時候，我跟她的距離只有零點零一公分。」這零點零一公分既近且遠的距離就成了王家衛的母題：無論是《重慶森林》裡那三隻一直旋轉看似重疊但之間永遠有零點零一公分距離的ＣＤ，還是《葉問》裡葉問與宮二對決時，慢鏡中他們的身體也有著零點零一公分的距離。

這種曖昧的距離，最難忘的必然是《花樣年華》裡的梁朝偉與張曼玉，分別飾演察覺配偶與對方的配偶搭上了的周慕雲與蘇麗珍。當他們在狹窄的走廊或昏黃的街梯遇上時，他們側身讓對方經過，如此貼近，但當中卻總有那零點零一公分的距離。這種曖昧的距離在《花樣年華》裡特別明顯，許是因為蘇麗珍那一身極貼近身體的旗袍。無論是平坦的小腹，東方女子小巧挺立的胸型，都在旗袍裡坦誠地展現著自己。

而這樣坦誠而無懼的展現自身，卻是華人女子在過往數千年也不曾得到的自由，直至上世紀初因著西風東漸與國人自身的覺醒才有了女子身體的革命，有了這麼一襲與男性看齊的長衫，讓女性不再羞於展現自己的身體，不再羞於展現自己的獨特個性。

旗袍的前世今生

文首提及的那張舊照片攝於上世紀三十年代，那是旗袍的第一個黃金時代。為甚麼會說是第一個？因為旗袍有過重生，這些金鏤衣見證過一些思潮的消逝，見證過一些城市的衰頹，跟隨著棄城的人在另一處地方繼續著另一地的繁華，並在三十年後的六十年代有了第二個黃金時代，那些細緻的旗袍成就了《花樣年華》等電影。

旗袍原就是新思潮的產物。清初高壓懷柔，因而有「男從女不從之例」，漢族男性得剃髮留辮並易服，女性則不用跟隨滿族女子穿旗裝，得以維持明代之制，漸漸形成上衣下裳或上衣下褲的風格。而到了清末民初，因華洋雜處，頗有一番新氣象。開埠城市如上海、天津等商埠，無論在思想上還是服飾變革上都走得較前。其時新舊勢力的重疊與較量也體現在新舊服飾的角力與混搭中，新文化運動的推行使女子漸漸自覺自身之美，衣飾的作用不再是遮蔽女性的身體，而是自然地呈現女性的身體線條，當中除了西服外，最能呈現女性體型的就是旗袍，旗袍就是在這樣的背景下蔚成風潮。

有趣的是清末民初，滿族女子因時人的排滿情緒，早改穿漢服，卻猜不到漢族女子倒穿起旗袍來，或許原因就在於滿族男女皆穿長袍，這種服飾早有其中性的特質。有一種說法是旗袍的風行正是時代女性想與男性看齊，一襲旗袍就頗有長衫的意味了。

民初男性裝束，西裝與中式長衫平分秋色，各有氣質，而女裝也漸漸脫離張愛玲《更衣記》裡所記載女身在「一層層衣衫的重壓下失蹤了」，成了一個衣架子，只餘削肩、細腰、平胸、薄而小、不能以身體的姿態喧嘩的形象。張愛玲更在《更衣記》裡記下了旗袍出現的時間：「一九二一年，女人穿上了的長袍。」

服裝的樣式本身就有其顛覆的力量，在階級分明的時代，衣服樣式是有嚴格規定的，不能自由穿衣一如不能命運自決。旗袍脫自滿族長袍，在清朝，只有官宦的長袍能有開衩，一般平民所穿的長袍並不開衩，故有「一裹圓」之稱，其後，開衩長袍倒成普遍穿著。

單是在二十年代，女性就經歷了由放足到高跟鞋，旗袍也愈來愈短，短袖的款式也為時人接受，再加上西裝的影響，旗袍也逐漸收緊腰身，並參考西式剪裁及裝飾的各種細節。這樣不過十數年，三四十年代，旗袍就取代了上衣下裙成了普遍的服式。

三、四十年代的中國，那些穿旗袍絕代風華的女子，在各個界別引領風騷，政界有蔣家三姐妹、商界有張幼儀、文人有蕭紅、楊絳、女演員有阮玲玉、周璇……她們追求自由，追求自身之價值，但這種有所追求的女性在五十年代後也漸漸凋零了，一如旗袍也在國土內消失了。

四十年代尾因國共內戰，上海商家攜巨富來港，恍若將一城的繁華橫向移植到另一城，那種繁華不只是可數的資金，還有各種文化與技藝，旗袍裁縫師傅亦一樣來到了香港。

時移勢易，服裝亦變，一九四九年，中華人民共和國成立，開國大典上，毛澤東穿上樸素的中山裝，此種風格奠定了其後數十年中國的路向——表面傾向光明與解放，但卻由思想到服飾都受到由上而下的控制。當整個國家在意識形態上宣揚穿同樣的衣服說同樣的話，旗袍的故事就只能從另一個小城接續說下去。

上世紀六十年代是旗袍的另一個黃金時代，但地點由上海等地換了香港，恍若此城的繁華，映照著三十年前彼地的興盛。而那個動蕩卻滿是新思想的新中國已一去不復返。六十年代的旗袍極合身，短袖高衩，縫製旗袍的工藝也發展到了高峰。與此同時，那些留在國內的女子只可以穿毛裝、列寧裝，又再回到了不能追求美的世代。

七、八十年代，旗袍的風尚漸漸息微，不再是日常普遍穿著，而成了特別場合的衣飾。旗袍的華麗裡有些滄桑，不只如張愛珍所說華麗的長袍上長滿了虱子，也不只如白先勇的《台北人》裡那些在異鄉的老去的女子（流落台北的女子不也就是國共內戰後遷到香港的女子？），懷念著年輕時的華衣美服。旗袍訴說的故事，見證著一地的女子怎樣追求自由，又怎樣再次被剝奪了自由，回不去的不只是青春，更是一個有所啟蒙的時代。

旁觀Susan Sontag的風格

如果要用衣著風格來為美國知識份子蘇珊・桑塔格畫像，那幀畫像會是怎樣的？就如她在《在土星的標誌下》以肖像照切入，談她從未見過的本雅明，從一幀他的照片說起，談他的神情、姿勢、衣著、手上夾著的香煙——這些都透露著此人的一些特質，或許是對的，或許是過度詮釋，但何妨？

百老滙電影中心上映第二十五屆香港同志影展，其中一套電影是《旁觀蘇珊・桑塔格》。像這種紀錄片，文學家也好、學者、藝術家也好，都容易走失焦點，只因在其日常世界、真實生活以外，尚有他們的精神世界、寫作世界，他們奇特的、各種不同的看待真實世界的眼光。或許，就在電影裡那些親友與學者論述逝去女子的同時，我們也來參一筆吧，也算是一種集大成？若果不介意岔開太遠。

那一綹華髮

電影開始，就看到初老的桑塔格：一生伴隨著她的鬆厚黑髮，現在添了一大綹華髮於額前，單單只在前方，如此惹人注目，那倒只得借用桑塔格論述過的camp去談她了。Camp難以言述，當然不限於周潤發以前所說的「camp camp地」，但也有一點擦了邊：不在於「乸形」，而在於擺了一種姿態或姿勢，姑勿論它假裝為如何低調，或隨意——是的，桑塔格有時是有那麼一點刻意，她是知道鏡頭對準著她的，無論是確切的、如陽具的鏡頭，還是普世的目光。

桑塔格說camp是感受力，是對人的趣味、視覺趣味、情感方面的趣味、行為方面的趣味，而當桑塔格半臥在沙發上、又或端坐在書牆前，手指夾著香煙，下巴揚起的角度，噢，她確是知道的，並且連那刻意留下的花白前髮在黑髮的烘托下，都是在擺姿勢，都很——camp。

桑塔格說camp是小圈子裡的東西，某種擁有自己的秘密代碼甚至身份標識的東西，而桑塔格渾身都是這樣的秘密代碼和身份標識——看人的角度，聽人發問時沉思的神情、撩撥一頭厚重黑髮、持煙的手指，倔強與笑。那種風情（容許我用這樣的字眼），確實是有點camp。

角色扮演的狀態

桑塔格甚至在點列她有關camp的札記之前，先引了王爾德的名言：「一個人應該要麼成為一件藝術品，要麼就穿戴一件藝術品。」公開訪問裡的桑塔格、舊照片裡的桑塔格、生活片段裡的桑塔格，都像帶點藝術品的意味了——彷彿宣稱著我在做我自己，並不在意你的目光或鏡頭正對著我，來看我吧。

但她又時刻反抗著你對她的看法，並尖銳回應、並尖銳發問，要你也得反過來審試你自身。camp者的趣味，就在其不是死的、不是固定的，總逃逸著特定的意義，縱使假裝成一件承受目光的藝術品——那樣一種角色扮演的狀態。

黑髮襯托下，額前白髮有強烈的性格。

Susan Sontag
橋那邊的女子

看《旁觀蘇珊・桑塔格》紀錄片，中間雜以桑塔格生前的錄影片段、親友、學者的回憶與論述、旁白唸起她的作品，片中還有大量她的舊照。桑塔格寫攝影，她自己也是被拍攝者——無論是一般的攝影師，還是她其中一個愛人安妮・萊柏維茲，此人被譽為紐約最好的時尚攝影師，她陪伴桑塔格到生命最後，拍下了桑塔格在病床上的照片。

那些照片太悲情了。還是先回到年輕時的桑塔格，太多照片裡的桑塔格，輪廓與神情都震懾了觀看照片的人，使觀者都忘了留意她的衣著細節，只記得她幾乎都是穿深色衣服。但此中卻有一張照片是如此不同：深色背景前，桑塔格穿淺色對襟唐裝，神情聚斂，帶點正襟危坐的意味。

中國旅行計劃

穿唐裝的桑塔格，叫人想起她與中國的因緣：她父母在天津從事貿易，懷有她時，母親獨自回到美國，到她五歲時，其父因肺結核於天津離逝。大概在而立之年，桑塔格寫下短篇小說〈中國旅行計劃〉。她寫：「我要到中國去。母親在那裡懷上了我，父親染上肺結核後再沒能離開中國。」在小說裡，桑塔格寫她兒時以為在後院掘一條地道，就可通到生命的彼方——中國去。

小說是這樣開始的：「我打算到中國去。我將穿越香港與內地之間深圳河上的羅湖橋。在中國待上一段之後，不久我還將再度走過中國內地與香港之間深圳河上的羅湖橋。」穿越香港與內地之間的一道橋，不禁想以此作基點去想像桑塔格的整個人生——不停穿越橋到彼方去，又再回來。

到彼岸去的橋

人生有太多旅程與穿橋而過相關。看桑塔格後期的照片，是有點不同了，不再是一頭厚重黑髮，而是全白短髮。老去之後的桑塔格，神情有一種慈悲之感。那是經歷過三次癌症，幾要接近生命白茫茫亮光後的彼岸——死亡，再回來而獨有的神情。

她知道了，一些我們不知道的事情。

病癒後的桑塔格，著有《疾病的隱喻》，引子即言：「疾病是生命的陰面，是一重更麻煩的公民身份。每個降臨世間的人都擁有雙重公民身份，其一屬於健

太多照片裡的桑塔格，輪廓與神情震懾了觀看照片的人。

老去之後的桑塔格神情有點不同了，有一種慈悲之感。

康王國，另一則屬於疾病王國。儘管我們都只樂於使用健康王國的護照，但或遲或早，至少會有那麼一段時間，我們每個人都被迫承認我們也是另一王國的公民。」

有了疾病王國公民的自省，桑塔格把自己的邊界又推得更遠，把疾病，以及生命的其他種種，都從約定俗成的誤解與隱喻中釋放出來，也釋放了因疾病而飽受精神折磨的人，讓癌症、AIDS都還原了，變成了只是身體的病，而不是對人或人生的懲罰——這對生命的頓悟，也始於旅程。想起在後院挖地洞的桑塔格，想起穿唐裝的桑塔格，她原來一直都在尋找那到彼岸去的橋。

吳爾芙

身體的房間

剛過去的三月廿八日是吳爾芙離開這個世界七十三年的日子，七十三年前的今天，她往衣服裡放了沉重的石頭，然後把自己沉進了歐塞河。吳爾芙的衣服很重，載滿了彼時世界對女子的看法，重得把她扯進了河底；吳爾芙的衣服又很輕，只因她早已自覺衣服帶來性別的分野。

衣服的覺醒

吳爾芙是英國精英文化圈 Bloomsbury Group的靈魂人物之一，那個年代，是怎樣的水土養育出像吳爾芙這樣的女子？Bloomsbury Group在其時十分大膽，比如說他們曾經裝扮成埃塞俄比亞帝國的門達克斯王子與外交官等，闖入英國無畏號戰艦探訪，而艦隊司令完全相信並熱情招待他們。其中化身為王子的就是吳爾芙，黏了假鬍鬚、穿著異國男裝，吳爾芙在服裝裡模糊了男女界別。

難怪她後來寫下小說《奧蘭多》：伊麗莎白女王一世時期的奧蘭多被賜予不朽的青春，此後四百年間，奧蘭多從男性變為女性，在不同的經歷裡成長，最終以一個中性的形象結束。吳爾芙帶來的不只是奇情的故事，而是衣服意識帶來的覺醒——怎樣在不同的衣服裡，自由來回於男性與女性的身份中。吳爾芙曾說

「每個女人都應有個完全屬於自己的房間，在這裡她可以自由地沉思、冥想與創作。」而女子的衣服，何嘗不是她身體的房間，在某些時代框住了她，在某些時代使她自由而活。

現代版奧蘭多

我們有幸活在解放的世代，有穿衣的自由，也有免於恐懼他人目光的自由。多年以後，Bloomsbury Group成了眾人心目中的理想之境，一個充滿知性、啟蒙、知識碰撞之團體。比如說二〇一四年秋冬倫敦時裝周，Burberry Prorsum就是以Bloomsbury Group作為創作靈感。

一開始是水墨般暈染開來的倫敦街景：大笨鐘、倫敦眼，以及倫敦橋，牆面向兩旁退開，在永遠不變的倫敦街景上，緩緩走出來的女子，身上穿著印上了手工繪製圖案的絲質雪紡長裙，披搭上風衣與絲巾，營造出不規則剪裁的感覺，又或以腰帶將柔美的絲巾，在身上繫出了多種層次。

裙子與風衣整體上都是寬鬆的輪廓，但裙子是飄逸的，風衣的輪廓卻挺括，帶男裝與軍裝之硬朗，兩種元素在女子身上如此融合，兩種質感都沒有要蓋過對

吳爾芙的一生或許帶些哀傷，但她給現世與後世女子帶來光明。

左邊坐著的就是女扮男裝的吳爾芙。

方，或排斥對方。在眾多飄逸而自有性情的女子之中，走過了一個穿白衣黑褲，隨意披上外套與絲巾的女子，短髮全往後梳，那一刻，我竟有點以為自己看見了現代版的奧蘭多，她活過了第一次與第二次世界大戰，活過了紛擾的世代，走到了現在。後來才知道那本來就是男裝，在女裝時裝騷中，加進了男裝與男模特兒，創意總監克里斯多佛・貝利別有匠心，這種雌雄同體、跨越界別的特質，就是Bloomsbury Group最珍貴的特質。在他們的聚會中，這批文化思想者早已突破多種隔膜，從性別、種族到藝術的不同範疇，都是他們橫跨過的藩籬，而吳爾芙也得益於這樣的精神交流，才有了我們後來看到的眾多超越時代之思的作品。

時裝騷的最後，模特兒們列隊而出，身上披上了硬挺的披肩，上面印上了每個模特兒的名字縮寫，猶如在那些衣服裡，我們每人都保有自己的特質。

辛波斯卡與川久保玲之身

其一：我身何所似？

總在想，衣服除了保暖，於我們而言到底是甚麼？這真是時尚的其中一個永恆命題，海德格爾說「詩意地棲居於大地」，大地承載著我們，衣服亦如是——承載我們、穩定我們的狀態。衣服在皮膚以外，以層層疊疊的包裹，將我們與他人分隔開來，無論是實際的因穿衣而有了隔離，還是因時尚而有了不同階級觀念的隔離。

無面目的身體

波蘭女詩人辛波絲卡（一九二三—二〇一二）有詩名〈衣服〉，她寫一趟看醫生的經過：由進入診所、脫下衣服、讓醫生檢查，到穿上衣服、走出診所、站在路上的此身，好像沒有甚麼分別，但卻經歷了一趟了解或不了解自身、放心又擔憂的過程。

詩是這樣開始的：「你脫下，我們脫下，他們脫下／用毛料，棉布，多元酯棉製成的／外套，夾克，短上衣，有雙排鈕釦的西裝，／裙子，襯衫，內衣，居家便褲，套裙，短襪／擱在，掛在，拋置在／椅背上，金屬屏風的兩側；」辛波絲卡將我們如何層層脫衣白描出來，那不是一人在脫衣，而是一人脫衣，猶如千人脫衣——這些無名字、無面目，只有衣服的人，猶如一個一個走進診所、一個一個脫衣進行檢查的無名者。

醫生檢查過後說：「情況不算太糟，／你可以穿上衣服，充分休息，出城走走，／有問題服用一粒，睡前，午餐後，／過幾個月，明年春天，明年再來；／你了解，而且也想過，那正是我們擔心的，／他想像，而你全都採信；」我們的身體恍似是我們的，但我們毫不理解，只依賴並相信他人的判斷。

讓衣服長成骨骼

詩人寫在見完醫生之後，那些人「該用顫抖的雙手綁緊，繫牢／鞋帶，釦環，黏帶，拉鍊，扣子，／皮帶，鈕釦，袖扣，領口，領帶，扣鉤，／從手提袋，口袋，袖子抽出／一條突然用途大增的／壓皺的，帶點的，有花紋的，有方格的圍巾。」我們顫抖的身體就是靠衣服上各種固定之物得以穩定，從鞋帶、黏帶、拉鍊、扣子、皮帶……我們又被層層疊疊地包裹起來，人倏忽站直了，衣服及其帶扣，如同骨骼，支撐了在其間的身體。

衣服界定了人與身體的關係，還界定了身體與外界的區分。從中探討最多的，就不得不提另一個女子——川久保玲，二〇一四年她為COMME des GARÇONS設計的秋冬女裝，以綁結等手法將衣服固定於身上，忽爾就明白何以辛波絲卡一再提示那些固定而拘束之物：那結得巨大的扭纏物如像固定著身體，又像要把身體吞噬，人在當中恍若消失了，又恍若因此更為世人所見。

川久保玲總善於突破一般人所認為的身體與外方的邊界，身體總在不適當之處突出了，又或凹陷了，叫你不得不問一句：我身何所似？

其二：此身與衣同在

波蘭女詩人辛波絲卡的詩〈衣服〉，詩的開首，進入診所的人一件一件脫掉衣服；詩的結尾，離開診所的人一件一件穿回衣服。在此之間，醫生檢查身體，給此身的狀況下一個似是而非的定論，然後我們帶著這個定論，穿回衣服，如像穿回一個穩定的身體概念，回到了日常生活中。忍不住想，藏在衣服裡邊，我們的身體就站直了、固定了，與外界萬物有了分界。

身體的邊界

辛波絲卡特別留意衣服上的鞋帶、釦環、黏帶、拉鍊、皮帶、鈕釦、袖扣、領口、領帶、扣鉤，這樣一樣一樣數下來，這些配件把衣服緊固在身上，勒出了形態與邊界，我們與外界的界限也就確立了。

COMME des GARÇONS 二〇一四年秋冬系列，也一樣有這種束縛。時裝騷一開始，模特兒穿著特大西裝外套，大得如像盔甲，人被完全地包覆著。再看下去，麻繩的元素一再出現，有時扭纏固定了身體的活動，連雙手也被縛在衣服內；有時布料綁縛如繭，有時連頭部也包起了，露出半張臉一隻眼睛。還有連衣服開孔的地方都不一樣了，展露給世人看的不再是我們的臉、我們的四肢，而是身體的中心點，設計師在胸腹處開了橢圓形的洞。

衣服的設計限制著我們的行動，也決定著我們展現哪部份的自己給別人看。纏繞的衣物使我們的形體與邊際都不一樣了。川久保玲總挑戰著世人對身體邊界的看法，也總叫人想起俄國理論家巴赫金所言之「怪誕身體」（grotesque body）：身體的邊界愈是展延，就愈是瓦解了「正常」的身體，與此同時，又讓身體的新概念得以重生。比如說川久保玲一九九七年推出的Bump Collection，隨意於裙子某些區域加上絨毛填充，幾像穿衣者身上長出腫瘤，突破了我們常常認為的，身體平整順滑的邊界。

身體的想像

但身體、衣體、大地，這三者之間是否一定有一個確實的分界？不如也看看另一位詩人如何寫衣服與身體，那是聶魯達的〈衣服的頌歌〉：「就這樣，／衣服啊，／我使你成為你的樣子，／推搡你的臂時，／掙斷你的縫線，／這樣你的生命／就充滿了我生命的味道。」當人穿上衣服，衣服從平面進入立體，人的生命與衣服同在，人也同樣因為穿衣，一個確實的「自己」的形象也建立了。

聶魯達為衣服寫頌歌，因為衣服與身體既有界限，卻又渾然一體：「衣服啊，／與我，與我的身體／一起／我們將進入／大地」，詩人以擬人化將衣服稱為「你」，他寫「擁抱我而忘掉你」，原來在擁抱與忘掉之間，穿衣之人就有衣如無衣：「因為我們是一體／將繼續面對著／風，一起，在夜晚，／在街道上或鬥爭中，／一個身體，／也許，也許，有一天會停止不動。」

那是對一個身體無限的想像——此身與衣服同在，你穿怎樣的衣服，你就劃下了又解拆了你與外間的邊界。有時你與衣一起進入大地成為一體，有時你又與衣一起對抗外間，以短暫之身對抗各種鬥爭。

原來穿衣之身，早已是獨立之個體，並非此身穿上千千萬萬之衣，已然化作千千萬萬之身。

煙迷你的眼

其一：女褲：禁忌與誘惑

這是一個毒藥論的世界，香煙越來越被妖魔化，煙稅雖然不像預計般大幅升價，只加四元，看似和平過渡，但世界已向純淨化靠攏，一心打造健康烏托邦。此時此際，不如說一些有關香煙與時裝的二三事，且看看在被厭棄之外，香煙又是如何以其所暗示的形象打一個結，使得女性時裝往另一方向走去。

就說一個借用了香煙名字的故事。一九六六年，時裝設計師聖羅蘭推出第一款女性燕尾服系列，稱為吸煙裝（Le Smoking），自此女性的褲裝年代正式來臨。

女褲小史

曾經女裝褲子就如同香煙一樣，是禁忌與誘惑的結合體：不被大眾接受，但卻對希冀自由的女性有著一定的誘惑。其實在十九世紀已有女子穿褲裝，十九世紀五十年代，女權分子布盧默提倡女性穿寬鬆的燈籠褲（bloomers）。布盧默是第一個辦報紙的女性，她在一八四九年創辦女性報紙The Lily。當時因為工業革命，工作的場所與家庭急速分離，女性活在更保守的社會之中。一八五一年禁酒運動期間，她在The Lily上提倡一種女式褲子，寬鬆如像燈籠狀，雖然一推出就引起大眾反感，但不久後卻因女權分子、製作商以及衛生機構的合力，這種方便騎自行車與工作的褲子十分受女性歡迎。但這也只是穿在裙子裡的襯褲而已，並不被視為正式衣著。

上世紀初，因為體育運動日漸盛行，有些女性開始穿打獵長褲、海灘長褲，但也只被視為運動服裝。一九〇九年，保羅・波烈從俄羅斯芭蕾舞團的舞衣取得靈感，推出哈倫褲（harem pants），但掀不起風潮。第一次世界大戰時，女性為了參加工作而穿長褲，比如大戰後流行的馬褲裝，進入二十年代，才陸續有女子將長褲視為日常衣著。

女褲開始明顯受到大眾歡迎，大概是從上世紀三十年代開始，其中一部份得力於喜歡穿男裝的女星們。其實早在十九世紀晚期，傳奇法國女星莎拉・伯恩哈特就曾大膽地在舞台上穿長褲。而後來的雙性戀影星瑪蓮・德烈治與四屆奧斯卡影后嘉芙蓮協賓，更是以男裝穿出了自己獨特的氣質。

持煙的中性女子，吸引又誘惑。瑪蓮・德烈治可是被譽為比男性穿衣更男性。

其二：免於恐懼的選擇

來到現時，仍可於每年的時裝周見到很多權力套裝（power suit），或剛強、或剛柔並濟。權力套裝除了幫助女性虛張聲勢之外（比如說八十年代流行的寬墊肩，就是用來打造如男性般剛硬的線條），更重要的是讓女性有權選擇穿甚麼。上世紀初，就算女子想穿褲裝，也會因別人的指點而卻步，到了一九六六年，Yves Saint Laurent推出吸煙裝，使得女性褲裝晉身正式場合，也使女性有了免於被指責的選擇權利。

就容我在這兒借用姑姑翁山素姬的名言：「免於恐懼的自由」，不用恐懼誰的指責，不用恐懼不平等的法律，可自由選擇衣著，那就是女子長期的戰爭。

烈女與褲裝

二十世紀初已有零星女性開始穿褲裝或男裝，而到了三十年代，則更多觀眾接受女星穿長褲，雙性戀影星瑪蓮・德烈治，就有「荷里活最佳穿著男性」之稱，她將褲裝當日常便服，配男式襯衫、領帶，外穿皮草大衣，招搖過市——其時褲裝並非白天的正式套裝。一九三〇年，她在電影《摩洛哥》裡以中性形象出現：黑色禮帽、白色領帶、燕尾服造型，說話像男生，抽雪茄，還吻女生，無論是氣質，還是服裝，都模糊了兩性界線。當時的電影宣傳海報上寫的是「讓女性也崇拜的女性」（The woman even women can adore）。

但就是像德烈治這樣一個獨立自主的女性，還是在一九三一年拜訪法國時，因其衣著而被警察請離巴黎，更不用說一般女子若穿褲裝出現街頭，會引來怎樣的目光與非議。三十年代喜歡褲裝的女子還有嘉芙蓮・協賓，她穿較為正式、講究的打摺長褲，寬鬆的褲子還附有中性的口袋，製片廠也曾禁止她穿牛仔褲，她竟拿刀反抗。如斯烈女，真是錯生了年代。

無論是瑪蓮・德烈治，還是嘉芙蓮・協賓，不管她們怎樣堅持穿衣的權利，還是免不得遭遇如此或如彼的責難，更何況一般女子？

而多年以後，法國設計師聖羅蘭於搖擺的六十年代推出吸煙裝，暗暗回應著時代、亦回應著在走在時代之前的勇敢女子，使得女性有了自己的中性盛裝，並且也有了免於恐懼的選擇權利。

瑪蓮・德烈治那持煙的手勢，點著了你怎樣的想望？

嘉芙蓮協賓穿褲裝，多了悠閒的自在

其三：革命、女子與煙

關於香煙、革命與女子，恍若叫人想到一個蕩氣迴腸的愛情故事，在其中，有革命男子，有溫柔女子，還有男子為女子點的煙……先停一下，在香煙和革命的故事裡，女子不一定是客體，她也可以有她自己的故事。從上世紀初始，手持香煙、穿西裝的烈性女子何其多，每一個都有她獨特的故事。

有「荷里活最佳穿著男性」之稱的女星德烈治在一九三一年拜訪法國時，因穿褲裝而被警察請離巴黎。其實自一七九九年起，巴黎已有法令，女子不能在未得到警察局的合法許可之下穿上「男性衣服」，男性衣服所指的就是長褲子。叫人難解的是，這一條禁止女性穿長褲的法令，一直到二〇一三年一月才廢除。

在如此的浪漫之都，這麼一個有關女子褲裝的故事，其實正是由浪漫革命而來，此處的浪漫意指能夠自由、直接的表達你的感情與感受，無論是愉悅的接受世事，還是奮起反抗世間的荒謬。

從遊行到禁制

一七八九年，法國大革命爆發，君主制土崩瓦解，自由主義促使民眾上街抗議，當中也包括穿長褲的女性，比如被稱為「十月遊行」的凡爾賽婦女大遊行，正是由女性發起。其時法國貴族穿及膝裙褲，而長褲則是工人階級穿的。而為了制止女性走上街頭，加入革命運動，一七九九年「霧月政變」第八天，巴黎警察局長簽署一項法令：所有想要穿男性衣服的女性，必須在警察局取得合法許可。其後雖然允許「手持腳車把手或馬匹韁繩」的女子穿長褲，但整體而言，並不容許女性與男性看齊。

1789年的凡爾賽婦女大遊行，此後，更多穿著男裝長褲的女子走進遊行中。

1916年，香奈兒身穿T恤與長褲。

性別之分是如此巨大之玻璃罩，意圖把女子隔絕，縱使一九四六年法國憲法中有「法律保證女性在各方面享有跟男性同樣權利」的條文，但當局卻從來不願主動去掉禁止女性穿長褲的法令，雖說後來這條法令形同虛設，但在意識形態上，女子還是被有形和無形的條文限制著自由，比如說法國女性議員是直到上世紀八十年代才獲得穿褲子開會的許可。

偏偏在這樣一個禁止女子穿長褲的國度，有了那些為自由而努力的女性。女作家喬治・桑出身貴族，給自己改了一個男性筆名，她抽雪茄、飲烈酒、騎駿馬、穿長褲，一身男性打扮追尋她的自由人生；也偏偏是在這樣一個禁止女子穿長褲的國度，有了那些為女子穿衣自由而奮力的設計師，可可・香奈兒早早就穿上了褲子，也為女性設計了很多解放的時裝。

像這樣的女子還有很多：西蒙・波娃、西蘇、克莉斯蒂娃、伊利格瑞等等，如果要說法國的水土有甚麼特別，或許這一切可以追溯到那些穿長褲跑到人群中、投入到革命裡去的無名女子，這條法令的存在不就是政府懼怕那些無名女子的證明嗎？

其四：強勢與溫柔

有一本書叫做《寫作的女人生活危險》，其實除了寫作的女人，穿男裝手持香煙的女人也一樣危險，兩種女人都在她們的時代顛覆了其時社會對女性的定位。一九七九年Vogue三月號裡有一輯赫爾穆特・紐頓拍的照片，其中就有身穿吸煙裝的女模特兒，以嘴裡的香煙點燃另一個模特兒叼著的香煙，滿是誘惑的意味。

紐頓從一九七五年就開始拍這樣的照片，在巴黎街頭，身穿吸煙裝的孤寂女子，手持香煙，旁邊站著穿高跟鞋的裸體女子。Le Smoking是甚麼？那是不太純粹的東西，是糅合了男與女的特質，準確些說，應該是混合了陽剛與陰柔的產物。

從新風格到吸煙裝

要明白聖羅蘭在一九六六年推出的吸煙裝，為甚麼帶來如此大的迴響？那得由他的老師克里斯汀・迪奧談起。二戰時期，迪奧推出被世人稱之為「新風貌」的花冠系列，胸衣、束腹、繁複摺疊的裝飾全部回歸，風靡一時。在迪奧去世後，聖羅蘭接掌 Christian Dior，其後創辦自己同名品牌，並推出中性吸煙裝，可謂完全顛覆了他老師的風格，不只在衣飾剪裁上，也在所呈現的女性形象上。

吸煙裝以男士無尾晚禮服（tuxedo）為原型，從而設計出女性褲裝禮服，之所以取名吸煙裝，大概是因為這種黑色套裝較為輕便簡潔，是男士在晚宴結束後，在吸煙室抽煙聚談時所穿的衣服。聖羅蘭將男性服裝裡的合理元素，如功能與舒適運用到女性服裝的設計上。但吸煙裝這個名字，為世人帶來如斯豐富的想像，大抵也在那些帶危險感覺的女子形象上：手持香煙，不理會世人喧鬧。

兩種女性的特質

自此，男性的西裝元素，便融進女性時裝裡，上世紀八十年代，Giorgio Armani推出Power Suit權力套裝，雖然有加厚的墊肩，但也有說不出的自然與簡約，八十年代是講究個人事業成功的年代，女性在職場的力量也越來越為人所接受。

有趣的是，當女裝向前走了一步時，男裝也相應慢慢改變。男性西裝變得陰柔，端看近年大熱的拉夫・西蒙與赫迪・斯萊曼就可探見一二。而女子穿衣，也漸漸不再像以前般加上肩墊，虛張聲勢。

套裝依然是Giorgio Armani的強項，但來到今時今日，女裝更著重於怎樣呈現本身性別的特點。比如說二〇一四年的春夏系列，取名「光與影」（Lights and Shadows），在每一套時裝中同時展現兩種女性的特質——最簡單的分野，就是強勢與溫柔。設計師以明亮顏色與柔軟輪廓代表溫柔，以俐落的西裝外套代表強勢，把每個女性身上各種看似矛盾的特質糅和一起。而這些矛盾的特質，或許應該說是每一個性別，無論男女，都擁有的。

7

用針腳寫詩

山本耀司寫：「母親不曾對我口出傳統式的教條訓示。我是在她辛勤的工作身影中學習和長大的。那天過後，她總穿著如喪服般的衣物，飄動的裙襬剛好與五歲的我眼界同高。」就在只及裙襬的視野高度，山本耀司看世界，越過喪服的黑色裙襬，就恰若溫德斯越過攝錄機的觀景窗——戰後廢墟與個人人生各種廢墟，皆成了創作裡密不可分的背景。

梁秉鈞

詩與衣的想像

布料和時裝有本質上的分別，同樣的物料，原本或鋪在桌上或捲成布匹，但一旦披掛在穿衣者的身上，就算不經相體裁衣，這物料的本質也就起了變化，它隨穿衣者而動，表現著也共鳴著穿衣者轉變的情狀，由是光與時間也就進入了其中。

穿在身上的衣服滿是暗示，他人的想像重疊著穿衣者的思緒。想起詩人梁秉鈞有一本薄薄的詩集，名為《衣想》（Clothink），將身上衣clothe與思想think放在一起，如衣亦有想。詩集原是詩人與時裝設計師凌穎詩合作的詩與時裝裝置的場刊，那個裝置已經看不到了，但這本詩集卻留下了詩與時裝的對話。

詩集外邊包上了一層透明牛油紙作書衣，始終是十六年前的書了，牛油紙泛黃，邊角因裂開而翻起，真的如像一件經過時日的舊衣。忍不住剝除書衣，原以為牛油紙透著了書封上的書名與圖像，但原來一切內容都印在牛油紙上，書封只是空白一片，但這種空白卻叫人想得太多——原來一件書衣，就算剝除了內裡無一物，也一樣給出了各種暗示。

就如時尚，總在提供各種看法，也承受著各種凝視的目光。

凝視神秘的她

詩集裡只有十首詩，每一首都配上了有關時尚的影像，那些不同材質的衣物展現著不同的姿態，當中有一首〈中國娃娃〉，猶如一首時尚版的〈遠和近〉，對望之間生出落差，詩是這樣開始的：

我從你看我的目光裡
看見許多個神秘的她

你好似看著一襲透視碎花雪紡長裙？
你問我外衣底下有沒有艷紅的肚兜？

你說喜歡一襲銀底小藍花織錦高叉旗袍
你奇怪不見我穿撕裂的花布露出肩膀

詩中的「你」為穿衣者加上了各種「中國娃娃」的意涵，但詩並沒有這樣完結，詩人寫：「嗨我不是一個中國娃娃不再在鬢角戴花／嗨我很抱歉沒法彌補你的時差」，這種對視的落差尚未完結，詩人又引進了那些「神秘的她」：她穿一雙Gucci在石板街追趕一個影子；她穿Anne Klein套裝在財政會議上發言；她穿繡滿金線的旗袍到美加渡假；她緊跟異國時裝雜誌追隨西方的品味。

這些「她」每個都有自己穿衣的美學，全關乎如何展現自己，與乎他者的目光，但有趣的這也只是詩中「我」的看法，當「我」否定著他人加諸自身的標籤時，同時亦在標籤著其他女子，詩人最後寫：「我從她看我的目光裡／看見許多個神秘的你」。你看我，我看她，她看我，從時尚的距離到心理的距離，每人都在或迎合或掙脫他人的看法，或許時尚的本質就是關乎不斷逃逸於既定的意義外。

往下掉的旅程？

時尚的詩學是甚麼？用詩人的話來說，那大概是一趟往下掉的旅程，但慢慢這趟旅程卻會起變化。

時尚關乎現在感，更關乎變化，由是總離不開過去與未來。一成不變的是服裝，總在創新的是時尚（哪怕是把被人遺忘了的舊日服裝重新帶到當下），當時尚變得普及，它就開始步向死亡，然後另一波時尚崛起，時尚就在這樣的生成與逝去的夾縫中，顯示她的魅力。

時尚還在另一種矛盾中誕生，那是順從與反抗的故事，亦是秩序與失序的故事。有時想藉身外物建立自己的形象，卻因此失掉自己，有時想顯示自己不與世合流，卻偏生創造出另一種風尚與秩序。

真複雜，對不？如果時尚的世界只是一個大衣櫃，那會否簡單得多？

梁秉鈞的《衣想》也一如一個大衣櫃，打開，裡面甚麼都有，既是從衣物出發思考，也是觀看他人穿衣而有思，甚或穿衣者自己的想望。書名中的「衣」，指向的必然是時尚，而不是一般的穿著，只因在時尚的世界裡，才有各種追趕、才有我穿故我在，我穿故我反抗。

時尚總在迎合與突破世俗看法中擺盪。故此它不是一趟單向的旅程。

恰好這本小書就是用兩趟旅程作起始與終結，第一首詩是〈掉下去的愛麗絲〉：愛麗絲掉進了一個巨大的衣櫃裡，這一跤一輩子也摔不完，她一直往下掉，各種布料、配飾經過她的身邊，她也就「不住跟隨扇子和手套變化」，漸漸連自己是甚麼也不知道了，愛麗絲說：「今天到現在我不知已經變了多少回／我連自己也解釋不清楚／我自己也認不出來了」，她就在這巨大的衣櫃裡一直「往下掉！往下掉！」而始終面目模糊。

詩集最後一首詩是〈新美學的誕生〉，副題是「愛麗絲的變奏」，回應著那不知道自己是誰的愛麗絲，這趟愛麗絲說：「一個星期一的早晨／我掉進了你的世界／你的世界很小很小」，但仔細看，這個「你」在這小世界裡，並不面目模糊，「你」喜歡用隨手可得的材料，做出各種並非永恒的新玩意，比如用發泡膠做出小小的藍色背包、把一根粉筆削成小劍，比如在定型的Lego模型間「找一些落了單的小人物／拼湊說一個新的故事」……由是這個很小很小的世界原來並不是那麼小，總有留白、總有新故事。

這個「你」說起一種北方城市的醬果，名叫雲果，由是愛麗絲生出期待，從此在水果攤上留神這個名字。這個「你」叫我們想起太多人了，如果說愛麗絲掉進去的是一個既巨大又細小、既一成不變又不斷變幻、即塞滿雜物但又滿是留白的衣櫃，那般這個「你」就是任何一個不按章出牌的設計師，不按章穿衣的人，他們展示新風景，由是世人生出了期待。

而當這些愛麗絲、這些「她」、這些「你」游離於新與舊的時序之間，用布料與針腳說出了一個新的故事之時，就是詩之所在。

Antonio Marras
你與宇宙同光

早春穿衣，喜歡穿好看的衣服，更喜歡穿有故事的衣服。意大利設計師安東尼奧・馬拉斯總是更像一個詩人，只是他是用布料、針腳、剪裁的角度來寫他的詩。

這一次他的二〇一四年早春系列是從詩人聶魯達與第三任妻子馬蒂達的愛情故事為靈感。此系列如此浪漫，詩意般甜美的花卉圖案，點綴上蝴蝶結等元素。

對於一個為身體寫詩的設計師而言，聶魯達確是一個十分適合的靈感來源，他最出名的詩集《二十首情詩和一首絕望的歌》，正是一首關於兩性身體的愛慾之歌。整本詩集第一首就叫〈女人的身體〉，他彷彿從愛人的身體裡看出宇宙：「女人的身體，白色的山丘，白色的大腿，／你委身於我的姿態就像這世界。」

不是嗎？看看第十一首〈幾乎在天之外〉：「但是你，明晰的女孩，煙與穗的疑問。／你是風用發亮的葉子製成的東西。／在夜間群山後面，燃燒的白色百合，／啊，我無言以對！那是萬物的混合。」

大概很愛一個人，就會從中看到宇宙萬物，就像王陽明的花，與你同歸於寂，又或與你同在光中，〈每日你與宇宙的光〉說的就是這樣的故事：「每日你與宇宙的光一同遊戲。／微妙的訪客，你來到花中、水中。」「我甚至相信你擁有整個宇宙。／我要從山上帶給你快樂的花朵，帶給你鐘型花／黑榛實，以及一籃籃野生的吻。／我要／像三月春天對待櫻桃樹般地對待你。」

在宇宙與身體之間

二〇一四年巴黎時裝周中，荷蘭設計師艾莉絲・荷本將三位模特兒置於凌空大膠袋中，慢慢抽走空氣，女體稍為掙扎，便如同標本——密封於膠袋裡，卻又同時展現給世人觀看。心驚膽跳，叫人想得太多。

鏡頭一轉，回到香港，文鳳儀與她的丈夫莫一新，舉行雙人展覽，展覽名字叫《恍惚之間》。在其間，男子以宇宙為題，訴說石頭、雲與留白的故事；女子卻以衣飾為題，以金屬線纏繞出如透視框架般的衣服。我就在恍惚之間，看到了一種開放的身體空間。

繁花千相

在這種開放的身體空間內，絲線纏繞，全是一個女子的感情瓜葛，其中有感情、盟約、關係、經歷……丈夫與妻子的作品，恍如兩種宇宙，兩種身體，但一樣是開放，而非密封的空間。

本以為衣服最最柔軟扁平，但總不是，我們想起舊衣時，總是想到曾經穿著這衣物的身體，衣服原是立體之物，尤其是承載回憶的衣服。文鳳儀不少作品就與她自己的回憶相關，那些立體衣服框架，本來就是根據舊衣凝固而成的模板而製的。

比如說《女兒香裝置》，並排了女子從小到大穿過的幾套衣裙，按大小次序排列；而《編織親密身體線（我們仨）》，則並排了她與丈夫、兒子的三套衣服。其中還有四件並排的長衫，名稱是《霞絲千水、千目、千山、千華》，不禁想，這真是女子的繁花千相了。還有一個樟木櫳，名為《箱逝》，剛好打開了，讓人看到裡邊一雙雙鞋子，還有那些鞋子走過了的、已然逝去的時光。

兩相對照

總覺得作為丈夫的莫一新，與作為妻子的文鳳儀，作品正好是相對照。幾座形狀不一的石頭與山，或近或遠，或前或後，作品名字就叫《介乎之間》，這樣就明白了文鳳儀的作品，女子的繁花千相，不是關閉在任何一件衣服裡，而是由這一件到那一件，一個身體在其間遊走，開放的、自由的、介乎之間的。隨時可呼吸與說話的，身體。

這是一場有關虛實的展覽，文鳳儀用金屬線纏繞而成衣物，如同虛應故事，但中間又包含了親密關係；而莫一新的頑石，充滿重量的浮雲，那些不規則的形狀，既是觸摸得到的宇宙的實在，又是意在形外。

重若宇宙，或輕若身上衣；還是輕若宇宙，重若身上衣？兩位藝術家自己是這樣說的：那些成品是來自現世處境的實存之物跟過去朦朧不明的記憶片段之契合。不禁想，兩個展覽合在一起，竟如互相解說、互相逃逸。

宇宙的衣裳

其一：時間的異鄉

設計師安德烈・庫雷熱於上世紀六十年代推出一系列未來主義時裝，極簡輪廓充滿科學感。他的科幻迷情適逢登月球熱潮大受歡迎。四十多年過去了，他的其中一些設計現在看來如此復古，但未來主義時裝依然方興未艾。二〇一四年Givenchy春夏男裝，結合了非洲部落元素與前衛電子元素，一樣指向未來。電子的線路與零件組成繁複的色塊，乍看就如非洲圖騰。長版上衣和裙褲形成的寬鬆廓形，是充滿未來感的非洲部落戰士，這種異國情調一方面指向非洲，一方面卻指向未來，那真是空間與時間上的異鄉。

空間與時間之說，一直糾纏不清，人類學家瑪格麗特・米德有「時間移民」與「空間移民」之說。兩者的含義可謂大不同，「時間移民」指向人生突生變化，再回頭，往事已成彼岸，米德原本寫的是經歷過二戰的一代，原有的時間秩序已然散失，不得已過渡到新的時間秩序，在大戰之後，倖存者恍若流落異鄉之人。

這種說法其實對大部份人也適用，有時暴烈的青春也會生硬的把人生砍成兩截，有時經歷親友死亡，也會令時間秩序完全改變，使得時間的彼岸就有如原鄉，一處並非有實在地理位置的空間。

這趟Givenchy的未來感時裝，在未來主義中闢新徑，不再指向虛無的星際，而是在地理上返回原點：非洲，一處據說是人類發源地的地方。未來與原鄉，聽上去矛盾又詭異：未來是時間，原鄉指向地理。可時空本就是一詞，宇宙也是一詞。

其二：宇宙與尋覓

到夏至畫廊看「香港物誌」開幕，看見劉小康的《尋覓》，那是一個透明長方形盒子，形成一個特別的空間：長盒子的兩邊各有一張椅子，兩椅稍有不同，一張的椅面向外凸出一塊，一張的椅子向裡凹入一塊，有如榫口。兩椅的中間是一張透明的黑白舊照片。時日就夾在兩張椅子的中間，椅子總是很奇特，你可以正面坐，側面坐，也可以背向而坐。在這個長方形空間裡，你坐在這一邊的椅子，舊時光就在你眼前，你坐在另一邊椅子，從另一方向看去，舊時光左右倒轉，有若平行時空。世事有陰陽，一人的記憶、一城的歷史，或許也一樣有正反、一樣有陰陽。

那盒子裡蘊含了時日，也蘊含了空間，已儼然是一個宇宙。《尸子》言「上下四方曰宇，往古來今曰宙。」宇宙原是早已包含了所有的時間與所有的空間。《莊子》說：「有所出而無竅者有實。有實而無乎處者，宇也；有長而無本剽者，宙也。」用今人的的話來說，四方上下、沒有邊際的空間是宇，古往今來，沒有極限的時間是宙。

無邊無際、不見始末，這邊與際、始與末，更是心中的方寸，此所以劉小康的《尋覓》也自是現世的宇宙，因若能尋到心中那一時一地，於椅子換轉中，自有千萬種看法，也惟有此一時一地才永恒存在。

但這分寸之間的椅子空間又不是宇宙，因宇宙無邊際亦無始末，全因其流動，時空本來就無法凝固於透明小盒子中。詩人廢名在燈光流轉中看見宇宙的動，他的詩〈宇宙的衣裳〉這樣說：「燈光裡我看見宇宙的衣裳，／於是我離開一幅面目不去認識它，／我認得是人類的寂寞，／猶之乎慈母手中線／遊子身上衣——／宇宙的衣裳，／你就做一盞燈吧，／做誕生的玩具送給一個小孩子，且莫說這許多影子。」宇宙的衣裳，或許就是光影與記憶的載體，因知其動，所以認得了那是人類永恒的寂寞。

六十年代庫雷熱的「未來」早已來臨。

Alasdair Thomson

石化之衣

香港藝術家文鳳儀與丈夫莫一新，舉行雙人展覽，展覽名字叫《恍惚之間》。她以衣飾為題，以金屬線纏繞出如透視框架般的衣服。看著那一件件立體而獨立的衣裙，不禁想著身體在其中的意義。雕刻家阿拉斯代爾・湯臣，也一樣由衣服出發思考人在其間的意義，但他用的卻是卡雷拉大理石，那是大衛像所用的材料。

重如泰山之石，或輕若鴻毛之衣，它們卻一點也不矛盾。失去手臂的米洛的維納斯，輕盈的裹巾圍著她的腰向下垂墜，那些柔和的曲線和縐褶，都是維納斯之所以成為維納斯的原因。

湯臣之雕塑，沒有了人，只有衣服。他先前就雕刻過布料的花紋、T恤和折疊的男士襯衫。然後他想衣服裡一定有些甚麼，於是他向朋友要了舊衣，為這些舊衣雕刻了石化之身，成品之名字就是原本衣服擁用者的名字，這個系列就叫做「身份」，或許譯為「指向的身份」更為準確——你的衣服曾如此貼近某一部份某一時刻的你，以致於它跟你分享同一名字。

智利詩人聶魯達寫衣服，如像寫情人的身體，他說：「衣服啊，／我使你成為你的樣子，／推搡你的臂時，／掙斷你的縫線，／這樣你的生命／就充滿了我生命的味道。」、「衣服啊，／與我，與我的身體／一起／我們將進入／大地。」

聶魯達又說：「衣服，在一把椅子上，／讓我們虛榮，／我的愛，／我的希望／我的身體／來充滿你」，若是湯臣問立體之衣內究竟有甚麼，那大概是我們的虛榮、我們的愛與希望。

過渡之身

看Leica中文攝影雜誌網頁，看到兩篇接連的女攝影師及其作品，並讀之際，好像讀出了一點攝影的真諦。韓國女攝影師Hye-Ryoung Min從去年開始，拍攝七歲的外甥女Yeonsoo，為甚麼是七歲？因為韓國人認為七歲是孩子最頑皮之時，也是韓國小孩的入學年齡——小女孩從綿長安靜的午後家園，走進廣闊吵鬧的校園。

Hye-Ryoung Min稱這個計劃為「年少時光」。那是小女孩懵懂未明的時刻，正在窺探著世界，也讓世界凝視她。有一張照片，小女孩半邊身藏在窗簾後，另一張，她躲在桌子下，露出一雙眼睛，一切彷彿將明未明，和世界保持最新鮮的距離。

而另一個攝影師Kyoko Hamada來自日本，二〇一一前她完成了一個很有趣的計劃——I used to be you，我曾經也是你。在她的照片裡，她給了自己另一個身份，一個名為Kikuchiyo的老婦人。這位女攝影師花了年半時間，拍下一個虛構老女人餘生的日常：她烤焦了的麵包，她放在窗框上精緻的花瓶，她獨自在廣場上餵鴿子……

還有一張極有意思，她低著頭，站在鏡子前扣好自己的袖鈕，如此專心一致，彷彿這世上只有此一事，做好了，人生就圓滿了。雖然是假裝成老人，但這輯照片就像呈現了另一種與世界的關係——緩慢，靜好，如像回到了童年時綿長的下午，陽光照在身上，不覺就無所思地睡去了。

攝影是甚麼？有說是要捕捉「光的過渡」。甚麼是過渡？那是從此岸到達彼岸的過程，猶如兩位女攝影師，透過浮光掠影，呈現出兩個不同年歲女子的人生片段，也呈現出她們與茫茫人世的關係。她們在過渡期間的臉容，就在其中。

Umit Benan
土耳其之歌

資深時尚評論家添・布蘭克評Umit Benan二〇一四年春夏男裝，一開首就說：Context is king in fashion——「語境是時裝的王者」，一句簡短的話，就概括了時裝不能離開時與地，那是創作背景，也是創作環境。他接下去就說：今年沒有誰的context比這一位設計師更為有力，他是尤米特・畢南。畢南出生於伊斯坦堡，他這一場時裝展就像送給土耳其的love song。

畢南兩年前開始思考如何以時裝探討身份問題，其實他早於十年前就覺得了土耳其身份的迷失，於是他想專注於土耳其的過去，想回到奧圖曼帝國的黃金時期。這一季他選擇了以最經典的土耳其男裝來尋找他的身份，他說奧圖曼帝國時期的男人極端優雅，這些男人有他們愛的人，更重要是有他們自己的文化。

在傳統土耳其打擊樂配襯下，頭戴土耳其毯帽的模特兒戴著面具走出來，面具上留有鬍子，這就是傳統土耳其男子。戴上面具有時為模糊身份，如Maison Martin Margiela的模特兒，為免精緻臉容搶了時裝鋒頭，都戴上絲巾和寶石等製成的面具。可這次畢南是為了重尋回失落的身份，忍不住想問，為何不起用真正的土耳其男子擔任模特兒？轉念又想，要是不夠誇張又引不起討論，只用本土模特兒也好像不夠國際。

又要尋找自己的過去，又要迎合西方的目光——畢南的設計與時裝騷如此，土耳其夾在東與西之間，又何嘗不是如此？奧圖曼帝國的歷史優勢，就是讓東西文明都在其手中得以統合，或許這就是畢南的優勢，當然，同樣也是其阻礙。

撇開這些不說，衣服卻是好的，層層疊疊，幾重層次，不只喜歡當中的西裝三件套，也喜歡長衫短外套的配搭。

Jean-Michel Basquiat
知識份子的原始主義

也只有在香港，graffiti才被當成街頭巷尾的塗鴉，被認為難登大雅之堂。除卻曾灶財因為不在世而令作品有投資與收藏價值，香港要數出其他街頭塗鴉大師真的很難。可是在其他地方，graffiti不但有價，藝術價值也被認可，只要看看奢侈品牌一再從街道藝術中獲取靈感，就可見一斑。只是graffiti的反叛如何安居於時裝之中？到底是graffiti的反動戰勝時尚的膚淺，還是時尚的曖昧吸納並轉化graffiti成為純粹的印花圖案？

黑人塗鴉藝術家尚・米榭・巴斯奇亞生於美國紐約，父親是移民美國的前海地內政部長，出身不差，但年少時遭遇車禍，同年父母離異，和父親關係變差。成長期個性非常叛逆，高中沒有讀完，便輟學了，轉向街頭塗鴉藝術，廿七歲即因吸毒過量致死。

價值千萬美金的《無題》

巴斯奇亞於一九八一年畫下的《無題》，在他身後曾以高價一六三二・二五萬美元於二〇一二年在Phillips de Pury& Co.拍出。該幅作品被稱為「知識份子化的原始主義」，指的是巴斯奇亞兩種身份碰撞出來的結果：原鄉非洲原始藝術與紐約生活經歷的文明。由是，他的作品是憤怒與童真的結合。

喜歡從他的塗鴉中獲取靈感的設計師為數不少，Valentino二〇〇六年秋冬女裝、Reebok、Uniqlo，還有Supreme的二〇一三年秋冬系列，都將他的塗鴉融入其中。

Oliver Spencer：捨象取意

二〇一四年春夏男裝，設計師奧利佛・史賓沙擺明車馬聲稱受巴斯奇亞影響，和前人不同的是他倒不是由其塗鴉作品入手，充其量也只是在布料上保留了潑墨般的印花圖案，那是用漂白或者酸洗色的方法造成的。有時是潑墨圖案褲子，襯以素色襯衫與西裝外套，有時則相反，下身素淨，配以潑墨圖案的西裝外套。

系列的名字叫作「暗示的兩分法」，忽爾明白了，設計師向巴斯奇亞取經的不是「象」而是「意」，那是早逝塗鴉大師的共融特質：「知識份子化的原始主義」。文明知識與原始童真／野蠻同在巴斯奇亞身上，此所以史賓沙為春夏男裝系列選了如此迂迴的暗示名稱。

Keith Haring
早逝之歌

早逝的天才總是引發無盡的唏噓，西方有蘭波、愛倫・坡、雪萊、濟慈等等，中國有海子、有顧城，香港也有很多為人忽略的早逝詩人，如溫健騮、童常、李國威、候汝華及易椿年等。早逝的藝術家就更多了，拉斐爾、梵高、席勒、秀拉……這一名單要數下去真的太長太長了，早逝的天才，其藝術也因此蒙上了一種哀愁之感，人生停留在最熱烈最朦朧之時。這趟KOOKAÏ二〇一四早秋系列，就以早逝普普藝術家凱斯・哈林為靈感。

你一定看過哈林作品，只是你未必知道他的名字與故事。Joyrich、Under Cover、Uniqlo、A Bathing Ape……也曾推出過以哈林作品為靈感的衣飾。七彩繽紛的圖案，非常搶眼，但也容易叫人忽略了背後的故事。

Keith Haring其人其事

與另一深受時裝設計師喜歡的早逝藝術家尚・米榭・巴斯奇亞一樣，哈林也是上世紀八十年代美國街頭塗鴉藝術家與社會運動者。他們是同代人，也一起籌組過許多藝術展覽。不同的是巴斯奇亞專注的議題，關係到他自身的身份，比如說他於一九八一年畫下的《無題》，就被稱為「知識份子化的原始主義」，指的正是畫家兩種身份碰撞出來的結果：原鄉非洲原始藝術與紐約生活經歷的文明。

而哈林同樣遊走於紐約街頭，他更喜歡地下鐵，尤其是他喜歡在地鐵閑置的黑色板面上用白色粉筆作畫，粗輪廓、單色、重複的圖案，有如孩童的筆觸，有一種以畫筆佔領空間之感。

與巴斯奇亞不一樣，哈林的塗雅滿是樂趣，也不見巴斯奇亞塗鴉裡的死亡意象，你沒法想像這個如此歡樂的塗鴉大師，生命的最後兩年是活在愛滋病的陰影下，但他仍繼續以藝術宣傳安全性行為及其他議題。

哈林在世時已與時尚無隔閡，他多次穿著自己繪製的T恤。而其作品無論在商業與藝術方面也十分成功，也很容易融入時裝設計中。Nicholas Kirkwood 二〇一二年春夏系列以哈林為靈感的鞋子，其中一款湖水藍高跟鞋，鞋跟是哈林的標誌小人，正奮力舉起高跟鞋——那大概就是哈林不為世人所見的一面，他努力地以藝術與這世界交流，無論是呈現其童心，還是反抗著各種對同性戀的歧視、又或是反抗著愛滋病帶來的恐懼。

Stella Jean
南方粗礪　東方婉約

有時總是從衣服中去了解別人。就如看一個風格強烈的詩人或畫家的作品，從一個設計師的作品中，一廂情願、理所當然地去想他是怎樣的人。帶有這麼強烈個人感情的設計師，就不得不談近年火速上位的意大利設計師史黛拉・尚（Stella Jean）。ＳＪ的設計美學，緣自其混血的背景：艷麗馥郁的色彩與異域風情，來自母親的出生地海地的加勒比海文化，而優雅的輪廓則遺傳自父親的意大利血統。

如果要找一個畫家去談ＳＪ，總叫人想到高更，不只在其畫風傾向拙樸、原始的線條，更在於其一次次改變自己的風格，你以為是這樣了，他又給你更多。

原始與直覺

高更年幼時隨家人從法國來到母親的出生地秘魯，在此生活至七歲。年輕時又有過六年當船員的日子，走過巴西、巴拿馬、大洋洲、東地中海和北極圈。後來為了尋找自己的風格，離開穩定的證券交易生涯，前往大溪地，重新感受原始生活的魅力。在大溪地時，高更的作品傾向原始的生命力，粗獷的用色，構圖與線條都更依直覺行事。

ＳＪ首幾季的設計叫人觸目驚心，留下強烈印象，原因也大概在其原始風格——呈現了生之熱烈與粗礪，當然高更的畫在此以外，還蒙上一層發問的迷惘與生之鬱結。ＳＪ作品，可見繁茂的植物和豐富、鮮豔色彩的圖案，還有如張愛玲所說的參差對照美學，葱綠底色，配紅色塊，還在色塊裡繪上一隻飛翔的鳥。

印花與條紋

ＳＪ的設計裡有很多條紋與印花圖案，就想起高更一八九二年畫的一幅《兩個大溪地女子》：兩個女子坐在鮮黃地毯上，地上有熱帶水果與飄落的花兒。兩個女子，一個穿紅色印花裙子，大白花圖案，簡略的筆觸，另一個將黃黑色條紋布巾披搭身上而成裙子，豐碩的體型，女子臉上不經意又狐惑的表情，在在都和高更巴黎的同儕完全不同。

就如ＳＪ的衣服與其他高級時裝不一樣一般。來到二〇一四年秋冬系列，她又向前多走一步，從南方的原始、幼稚，轉向多一點東方的婉約、陰柔與韻味深長。這一趟的主題是歌舞伎與男性化態度（有趣的是，最初的歌舞伎全是男性），日本和服的束腰被轉化為腰窄的腰帶，而東方的鯉魚圖案也融進設計中。

高更細緻畫下大溪地女子的衣著。

而其拿手好戲，印花與條紋，更是合二為一，圖案變得更為複雜多彩。

高更在四十歲左右關始摸索到自己的風格，六十歲不到就離世，叫人如此唏嘘。如果人生的時間也大概如是區分，SJ還未到四十歲，她還有很多的時間去做她喜歡的，去探索衣服與身體的故事，就讓我們期待這個原始，充滿生之粗礪的女子怎樣蛻變，怎樣融合一切。

Christopher Kane
隱秘花兒

看Christopher Kane二〇一四年春夏女裝系列，心裡想，如果中學課程也是如斯有趣就好了。克里斯多佛・肯恩將科普書式的花朵解剖圖移至布料上，不同位置指出去的標籤道出了花兒的繁殖功能。這一系列服飾上的圖案滿是花兒的縱切面，使得花兒平時被重重包裹的子房顯露在外，如此設計，可說是言在象外，那莫不是女子卵巢的寫照？那花朵的縱切面就如女生的隱秘花兒，以一種迂迴的方式出現，綻放於帶有揭露性質的時裝上。

花相：春事爛漫

花朵作為溢美之詞，幾千年來都與女性相關（當然，屈原也有以鮮花芳草比喻君子），花朵圖案也於時尚上一再出現。但並沒有誰如肯恩這般大膽，將花朵的整個物相完全呈現，連子房內的胚珠也一樣變成外露之象。英文Ovary既指向卵巢，也指向植物的子房，一語雙關，都指向孕育下一代的神聖之地。

雖然暗合女子私處，肯恩的花朵卻是春事爛漫，毫無猥褻邪念。其中由子房、伸出的花柱、到顯露在外的柱頭而形成的雨點形狀，設計師都善加利用，變成衣裙上的鏤空圖案。

從一朵花窺見世界

這樣呈現一朵花，卻又恍有所指，就叫人想到美國藝術家歐姬芙的花卉系列，那是大幅的花朵微觀圖，一樣見出了物相真義。

威廉・布萊克從一粒沙看世界，詩人陳黎看過歐姬芙筆下的花後，寫下〈從一朵花窺見世界〉。這一朵花說的是畫家一九二六年畫就的《黑色鳶尾花》（Black Iris）。Iris是花名，亦是虹膜之意，詩人說：「我不知道她畫的到底是黑色的鳶尾花，或是眼球裡的虹彩，或是女性的性器官——那細膩巧妙的色感與質感太容易引人做此聯想。」

歐姬芙以半抽象半寫實的手法聞名，而她畫花，把一切放大，直至使之微觀化，讓物相變得抽象。她的鳶尾花不只是色澤的深淺，看久了，中間的黑竟如宇宙黑洞，內裡蘊藏人類未能解開的秘密。

而無論是肯恩的外露，還是歐姬芙的斂藏，花兒的物相也以一種親密渾厚的形態，暗暗呼應著女子的真相——神聖的大地之母。

山本耀司

只及裙襬的高度

一

在書店買了山本耀司自傳《我親愛的炸彈》，沒看價錢就買了，回來發現單色印刷，但索價稍貴，正覺不值，誰知打開看了頭幾頁，竟得見證了一段真摯友誼，就覺得甚麼都值了。

在目次後，一掀開新的跨頁，引言是兩封信，其一是德國導演文・溫德斯寫給山本耀司的：「今日從報紙上看到你的公司在全球經濟危機中遭逢困難。便提筆寫信給你。得知你失去公司，而且必須關閉數家分店，我感到十分憂心。」溫德斯其時也失去了自己所製作的所有電影的著作權，包括與山本耀司合作的《城市時尚記事》。溫德斯說：「總之，生命就是如此，我想。」「別忘了讓我和Donata知道你一切安好！我們非常愛你，我們的心永遠與你相近。」

再翻過去，就是山本耀司的回信，他細細說來遇上財務危機後曾想過退休，他說他喪失了所有權，但同時卻感覺像卸下重擔，家人不再為遺產爭吵不休，身體也比上一年好多了。山本耀司說，他擬定了二十年的事業計劃，「這是我人生最後篇章的轉捩點」。

「人生最後篇章的轉捩點」，叫人有點兒心酸，但無妨。兩封信寫於二〇一〇年，其時溫德斯六十五歲、山本耀司還大兩歲，這是兩個後中年人從頭再來過的人生。二十年計劃，到時山本耀司也八十七歲了，我猜想著年歲相若的溫德斯看到此回信，也當有一種奮發再起行之感。

他們都可以再起行了，處於無力感處處、膠著社會的我們，年紀實在尚輕，有甚麼不能殺出重圍？

二

山本耀司自傳《My Dear Bomb》一掀開就是兩封信，六十五歲的德國導演溫德斯寫信給山本耀司，關心其於二〇〇九年經濟危機衝擊後，失去公司。山本耀司回信說想過退休，但終於決定這是人生最後篇章的轉捩點，更定下二十年計劃。兩個後中年，惺惺相識。

很容易明白為何山本耀司會將此二信放在自傳的開首，他曾經甚麼都沒有、曾經甚麼都擁有，這時又復歸於無。而遠在彼邦的溫德斯來信，人情冷暖皆可感。縱然他們並非相處很久的朋友，但一起拍一套電影，成了明白對方的人。

不是麼？《城市時尚紀事》並不只是關於時尚，山本耀司成長於戰後東京廢墟，與成長於戰後德國的溫德斯分享同樣的記憶。那是一名導演與一名設計師的對話，關於創作、城市與身份。

山本耀司幼年喪父，因二戰末期缺乏運輸船，其父隨改裝漁船往南方據點去，不知是被美軍擊沉，還是何處去了，遺骸未返卻辦了喪禮，棺木內是父親的Leica相機。山本耀司跟隨母親而居，奠定了他對職業女性的親近。

山本耀司寫：「母親不曾對我口出傳統式的教條訓示。我是在她辛勤的工作身影中學習和長大的。那天過後，她總穿著如喪服般的衣物，飄動的裙襬剛好與五歲的我眼界同高。」就在只及裙襬的視野高度，山本耀司看世界，越過喪服的黑色裙襬，就恰若溫德斯越過攝錄機的觀景窗——戰後廢墟與個人人生各種廢墟，皆成了創作裡密不可分的背景。

兩名後中年男子惺惺相識。

McQueen的亞特蘭蒂斯

一個早逝的設計師提供了太多故事，有人閱讀布料、有人閱讀神話、有人閱讀設計，我卻於夜半無眠、游離的時刻，忽爾被他的憂傷擊中。他離去前的系列，將星際萬象與世俗冷血爬行動物花紋結合，硬挺的廓形卻更叫人想到甲蟲發亮的硬殼。從最微小的甲蟲，到神秘的宇宙空間，看久了目眩，心悸，彷彿在世間還有另一個我們不知道的國度，有其宗教，有其文明，有其開拓與滅絕。

這樣的最後一個系列就叫Plato's Atlantis——柏拉圖的亞特蘭蒂斯，亞特蘭蒂斯早就不存在了，那是存說中高度文明的城邦，也是柏拉圖心目中的理想國。柏拉圖在《克里特阿斯》和《提邁奧斯》都有提及，這個王國遭遇到地震和水災，不到一天一夜就完全沒入海底。

設計師亞歷山大‧麥昆，也同樣在一天一夜之間就忽然沉入萬寂，消失於人世。夜半網上搜集資料，忽見設計師多年的設計全化為一本換衫公仔書，書名叫*Alexander McQueen Fashions: Recreated in Paper Dolls*，忍不住向相熟書店訂了。那些承載設計師悲與喜的衣服，壓進平面裡，變得如此天真愉悅，忽然想，或許這樣也未嘗不好，那些衣服脫離了設計師，早已有了它們自己的際遇。

夜半讀逝去天才的生平瑣事（人都走了，還有甚麼不是瑣事），對一個陌生人的思念只餘下衣服的細節，忽爾好像很近，而終究我與他同歸於寂。

Craig Green

最新鮮的創作時刻

其一：病服之隱喻

英倫設計師格力・堅（Craig green）總是特立獨行，其二〇一五年春夏系列，從病服出發，一眾美少年穿上以白色為主的病服，若果他們真的是病人，他們大概是肺結核或白血病患者，蘇珊・桑塔格在《疾病的隱喻》就說到，在以前的世代，肺結核患者在文本裡所呈現的形象總是較為浪漫——還記得粵語長片裡那些拿手巾掩嘴吐血的男主角嗎？現在則恐怕要讓白血病患者取代了。

一套病服代表的到底是甚麼？如果衣服指向身份的認證，由性別、宗教、歲數，都可藉外在衣著區分，那般，病服就如監犯服刑時所穿之獄衣般，抹掉了個體性。病或有千百種，但病服卻只有三數種。

病服或服刑之服，與制服，比如說維持治安的警察的警服，並不一樣，病服因疾病之象徵被賦予某一些觀感：疾病總是負面的，如病態，喪心病狂……疾病本就有時被冠上懲罰之名，由僅僅是身體的一種病，轉換成了一種道德批判，比如說肺結核被美化成耽於情感的人才會患的病，但患癌症的倒是因為激情匱乏、性壓抑和過份克制。

而每一個人都有機會生病，住醫院，穿病服，桑塔格說「疾病是生命的陰面，是一重更麻煩的公民身份。每個降臨世間的人都擁有雙重公民身份，其一屬於健康王國，另一則屬於疾病王國。」而穿上病服更是將這重身份彰顯人前。

其二：創意與違章

J. W. 安德遜已有足夠的年輕叫人妒忌，也有足夠的創意與想頭叫人驚訝，猜不到的是，CG比想像中還年輕，才二十七歲。J. W. 安德遜已出任Loewe創意總監，教旁人或多或少也會想：大品牌或會磨蝕他，就如當年Givenchy磨蝕亞歷山大・麥昆，縱使J. W. 安德遜比麥昆偏向理性、數學與精準。

人生若只如初見，有時是對的，不只在愛情而言，有時也在創作的狀態而言，那是一種最新鮮的時刻，雖然有點青澀，有點不完美。比如台灣詩人夏宇的《備忘錄》或許不夠後來的詩更精準到肉，但又是另一種經典——那是最初對這詩人之風格的震撼。又比如吳煦斌，只有年少時教人無法忘懷的短篇小說集《牛》，其後只出版了一本小小的散文集，但已足夠叫你記著她。

與麥昆、J.W.安德遜及安特衛普六君子一樣，CG也一樣在極短時間內，讓你將他記住了，他的特質，他的與別不同，甚或可以感覺到他的個性，他就是那帶點搗蛋、帶點反諷、帶點不明所以，帶點顛倒來看世界，又帶點不在乎的年輕時候的夏宇。

比如說二〇一四年的春夏系列，男子穿黑色與白色，或爆炸色的衣服，後者其實是如潑彩般的顏色，但放在純白與純黑的服飾之中，竟忽然有一種爆炸之感覺，這些列隊而行的人們，有的一身素衣，有的身上背著各種同色紙皮家當，如一首詩般叫人不明所以，又如一首詩般叫人想得太遠。

這種背著家當的人，其實早於二〇一二年CG的MA畢業作品裡已可見，穿素衣的人，把各種木箱背在身上，如同一個人的違章建築。

J.W. Anderson

醜陋之美

留意英國設計師J. W.安德遜好一段時間了，他總是遊走於男裝與女裝的模糊界線之間。這一趟的二〇一五年男裝春夏系列，男子穿著過氣的絲質斜紋連身褲，領上打上蝴蝶結，揹上小手袋，還有斜膊設計的露肩上衣，與過去數季將女裝直接套用在男裝上但依然保有陽剛風格不同，這一次的服飾略嫌醜陋、略嫌庸俗。

但醜陋當然也可以是美學，最明顯的例子大概就是波德萊爾的《惡之花》，他在詩中就將十九世紀法國之「惡」與眾人的頹廢轉化為詩之美學，在醜惡中發現並且突顯了詩之美。

說不盡的camp

只是波德萊爾之惡與醜，是從現代城市生活中窺見人性之墮落，又在形相之「惡」中烘托出聲律之美；而J. W.安德遜雖無此深層之寄寓，亦非回應社會急劇之變化，但他卻模糊了醜與美之界線，本該極醜的，來到他手中，卻又叫人看到一種難以言喻的趣味、無可歸類的曖昧之美，他將美的界限愈拓愈闊，或者說，他重新定義了美與醜，醜陋有時也是一種美。

設計師的同名品牌J.W. Anderson先前數季都有男裝女穿，或女裝男穿之趨勢，但camp味總不及此季濃烈，比如說二〇一三年秋冬系列，線條材質皆硬淨，就算男生穿上露肩裙子，看上去仍滿是陽剛味。而二〇一四年春夏與秋冬男裝也一樣淨色為主，也一樣線條俐落。

但這一趟也不知道要怎樣說，一上場就是他和地毯設計師約翰・艾倫合作的上衣，看似毛衣質地，上方是英國田園景色，再沒有甚麼比這更庸俗的了。這上衣以粉色為主，配搭西裝褲，讓觀者感覺到有說不盡的camp，卻又叫人忍不住一看再看。同樣庸俗的鬆散絲巾與寬鬆睡衣，都在系列中一再出現。

中產少婦的人格

針織背心、低胸露臍的上衣、無處不在的蝴蝶結……媚俗又刁蹺扭擰，J.W.安德遜真是匠心獨運，他說這系列的靈感來自「中產女子的人格」（the personality of a bourgeois woman）。

「中產女子」在此刻彷彿另有所指，尤其是穿戴得宜的「中產女子」，放在刻板、冷漠的英國，不免令人聯想到性冷感，甚就總叫人有一種造作之感，但當將這一種刻板的形象搬到天橋上，則另有一種衝擊感。

這種服飾不停挑戰既定的想法，頗有蘇珊・桑塔格論camp之時所側重的搖擺與擾亂之功能，J. W.安德遜這趟可謂兵行險著，將這些過時的、平庸的女裝，略施小計，就變得奇異而有趣。

Fiction／Fashion

穿苦艾色的女子

故事開首是這樣的：下車是一項技術，得考慮周全了。比如開門的角度要對；從坐著到站起來，需要轉換姿勢；確保著裝衣物、頭髮、髮飾並無欠妥之處；還要確保高跟鞋落地瞬間，可以迅速找到平衡等等。

這是尚・保羅・瑪塞的小說《瑪麗・贊塔爾》的開首，瑪塞是誰？他是帽子設計師彭比里奧的拍檔，曾任律師、經濟學家、外交官、記者，後來以筆名尚・保羅・瑪塞・德魯甚出版了小說三部曲，現在主要為彭比里奧接洽和管理生意，是一個橫跨文學與時尚的人。

都在說故事

《瑪麗・贊塔爾》是結合時尚與小說的書，此書在其法語版中用了半戲劇、半小說的故事敘述形式，配以穿著華衣的角色們的插圖。大部份角色都是虛構的，比如作者自己飾演了瑪麗的丈夫。然而也有一些如彭比里奧般在小說裡一樣當回自己：一個帽子設計師。

Fiction和Fashion，小說與時尚的關係到底是甚麼？就只是在小說裡談及時尚麼，還是它們有更深沉的聯繫？比如說同樣都是敘事（narrative），同樣都在說故事。《瑪麗・贊塔爾》的故事是這樣開始的，瑪麗是三十年代末的前模特兒，熟諳時尚，大半生投入於時尚行業。這天她正在忙著朋友的時裝騷事宜，卻在街上看見與自己年紀相若、穿「苦艾色」套裝的女人，由是她的一天（甚或她的一生都被打亂了），她到處詢問：今季有甚麼牌子的衣服是苦艾色的？她害怕自己不久後，就要開始穿苦艾色。

文字與時尚的質感

這全是有關閱讀。瑪麗閱讀穿苦艾色的女人，我們閱讀她的故事。是的，衣著與穿衣者都在說故事，穿衣的女子之於瑪麗就如文本。但所有閱讀有時都回歸自身、連結自身，瑪麗由是由穿苦艾色的、沉悶的女人，聯想到自己：那是女子面對年月逝去的無力感，尤有甚者，瑪麗正是在時尚行業工作，除了私人生活，這種無力感更牽涉到她的事業。

《瑪麗・贊塔爾》這本書的裝禎設計也很有趣，書本以紅色真皮作為書封，內裡有法文、英文、中文的翻譯，每一部份中間夾著空白的紙張，這是開放式小說，讓讀者可以加進自己的文字，與小說結合。時尚亦如是，無論是設計多好的時裝，都得穿上身上，成為一體，讓穿衣者完成餘下的一半創作。

閱讀此書時，不時還遇上夾在書頁邊的瑞士花邊紙，上邊印了不同的彩色圖案，在紙上形成微凸的觸感，使得這本書像有了自己的細節與質感。小說的質感來自閱讀語言的節奏，時尚的質感則來自撫摸這些邊緣的花紙。圖片的草圖集在最後一章，但其實只是一個個空白的框。不禁想到底是指向寫作與時尚都是在一個框架裡建構，還是一切都是虛無？

咆哮的二十年代（Roaring Twenties）
無視（scotomization）
沉默的大多數（silent majority）
幽靈性（spectrality）
搖晃的六十年代（Swinging Sixties）
安特衛普六君子（The Antewerp Six）
黑暗他者（the dark other）
十月遊行（The October March）
雙色鞋（two tone shoes）
侘寂（Wabi-sabi）

時裝騷／展覽

在其間（Between）
籠中鳥（Caged Bird）
花冠系列（Corolle Line）
從行人道到天橋（From the Sidewalk to the Catwalk）
我是保羅・史密斯（Hello, My Name is Paul Smith）
高原強暴（Highland Rape）
光與影（Lights and Shadows）
柏拉圖的亞特蘭蒂斯（Plato's Atlantis）
暗示的兩分法（Suggestive Dichotomies）
浴缸觀察者（The Bathtub Observer）
身份（The Identity Collection）
卡洛登的寡婦（Widows of Culloden）

其他

私我的落腳點（a private perch）
聯合法案（Acts of Union 1707）
空間移民（an immigrant in space）
時間移民（an immigrant in time）
靈光（aura）
巴拉德（Ballades）
巴洛克（Baroque）
酒桶（Barrel Wine）
燈籠褲（bloomers）
薩伏伊王朝（Casa Savoia）
霧月政變（Coup of 18 Brumaire）
辯證影像（dialectical image）
否認（disavowal）
服裝法（Dress Act）
戴歐尼修斯（Dionysus）
巴黎畫派（Ecole de Paris）
帝國風格（Empire line Dresses）
花童（Flower People）
權力歸花兒運動（Flower Power Movement）
凝視（gaze）
哥德風格（gothic fashion）
怪誕身體（grotesque body）
哈倫褲（harem pants）
異托邦（Heterotopia）
詹姆斯黨（Jacobite）
媚俗（Kitsch）
女男孩（La Garçonne）
五月學運（Mai 68）
男性凝視（Male Gaze）
鏡像理論（Mirror Stage）
物哀（Mono no aware）
諾曼王朝（Norman Kingdom of Sicily）
懷當下的舊（nostalgia for the present）
新懷緬美學（post-nostalgic aesthetics）
權力套裝（power suit）
壓抑（repression）
地下莖（Rhizome）
撒丁王國（Regno di Sardegna）

《惡之花》（Les Fleurs du mal）
《瘋癲與文明》（Madness and Civilization: A History of Insanity in the Age of Reason）
《瑪麗・贊塔爾》（Marie Chantal）
《世紀末婚禮》（Melancholia）
〈人們一思索，上帝就發笑〉（Man Thinks, God Laughs）
《摩洛哥》（Morocco）
《我親愛的炸彈》（My Dear Bomb）
《沒人的土地》（No Man' s Land）
《城市時尚記事》（Notebook on Cities and Clothes）
〈衣服的頌歌〉（Ode to Clothes）
《飛越瘋人院》（One Flew Over the Cuckoo's Nest）
《奧蘭多》（Orlando）
《舊衣畫像》（Portrait of Second-hand Clothes）
〈中國旅行計劃〉（Project for a Trip to China）
《阿飛正傳》（Rebel Without a Cause）
《旁觀蘇珊・桑塔格》（Regarding Susan Sontag）
《旁觀他人之痛苦》（Regarding the Pain of Others
《荒原狼》（Steppenwolf）
《軟鈕扣》（Tender Buttons）
《皺褶：萊布尼茨與巴洛克》（The Fold: Leibniz and the Baroque）
《小徑分岔的花園》（The Garden of Forking Paths）
《大都會與精神生活》（The Metropolis and Mental Life）
《時尚的哲學》（The Philosophy of Fashion）
《沉默的羔羊》（The Silence of the Lambs）
《寂靜之聲》（The Sounds of Silence）
《複製嬌妻》（The Stepford Wives）
《兩個大溪地女子》（Two Tahitian Women）
《1件T恤的全球經濟之旅》（The Travels of a T-Shirt in the Global Economy）
《形象的叛逆》（The Treachery of Images）
《鞦韆》（The Swing, 1767）
《秋水伊人》（The Umbrellas of Cherbourg）
《機械複制時代的藝術作品》（The Work of Art in the Age of Mechanical Reproduction）
《提邁奧斯》（Timaeus）
《在土星的標誌下》（Under the Sign of Saturn）
《二十首情詩和一首絕望的歌》（Veintepoemas de amor y una canción desesperada）
《Wabi-Sabi：給設計者、生活家的日式美學基礎》（ Wabi-Sabi: for Artists, Designers, Poets & Philosophers）

佛洛依德（Sigmund Freud）
西蒙・波娃（Simone de Beauvoir, 1908-1986）、
仙迪索・庫馬洛（Sindiso Khumalo）
斯蒂芬諾・嘉班納（Stefano Gabbana）
史黛拉・尚（Stella Jean）
蘇珊・巴克—莫斯（Susan Buck-Morss）
蘇珊・桑塔格（Susan Sontag, 1933-2004）
蘇珊娜・凱森（Susanna Kaysen）
普拉斯（Sylvia Plath, 1932-1963）
托馬斯・杜威（Thomas Edmund Dewey, 1902-1971）
湯瑪斯・哈里斯（Thomas Harris）
添・布蘭克（Tim Blanks）
尤米特・畢南（Umit Benan）
梵高（Vincent van Gogh, 1853-1890）
吳爾芙（Virginia Woolf, 1882-1941）
譚燕玉（Vivienne Tam）
薇薇安・魏斯伍德（Vivienne Westwood）
溫莎公爵夫人（Wallis Simpson）
華特・惠特曼（Walt Whitman, 1819-1892）
本雅明（Walter Benjamin, 1892-1940）
威廉・布萊克（William Blake, 1757-1827）
文・溫德斯（Wim Wenders）
雲露娜・維特（Winona Ryder）
辛波絲卡（Wisława Szymborska，1923-2012）
活地・亞倫（Woody Allen）
奧諾黛拉（Yuki Onodera）
聖羅蘭（Yves Saint Laurent, 1936-2008）
賀伯特（Zbigniew Herbert, 1924-2998）

文本

《慾望快車》（A Streetcar Named Desire）
〈加州超市〉（A Supermarket in California）
《G小調第一號敘事曲》（Ballade No 1 in G Minor, Op 23）
《黑色鳶尾花》（Black Iris）
《連・椅》（Chair of Understanding）
《克里特阿斯》（Critias）
《世界是設計》（Die Welt Als Entwurf）
《追隨時尚》（Following the Fashion）
《科學怪人》（Frankenstein）
《我有無問題》（Girl, Interrupted）
《灰色花園》（Grey Gardens）
《吉諾佩迪第一號》（Gymnopedie No.1）
《哈姆雷特》（Hamlet）
《群馬》（Horses）
《疾病的隱喻》（Illness as Metaphor and AIDS and Its Metaphors）
《機器人之戀》（I'm a Cyborg, But That's OK）
《愛在波蘭戰火時》（Katyn）

肯・克西（Ken Kesey, 1935-2001）
勒・柯比意（Le Corbusier, 1887-1965）
李恩淑（Lee Eunsook）
李歐納・科仁（Leonard Koren）
伊利格瑞（Luce Irigaray）
露西理惠（Lucie Rie, 1902-1995）
呂基・馬拉莫蒂（Luigi Maramotti）
達維甚（Mahmoud Darwish, 1941-2008）
麥拉倫（Malcolm McLaren, 1946-2010）
瑪格麗特・米德（Margaret Mead, 1901-1978）
柴契爾夫人（Margaret Thatcher, 1925-2013）
瑪蓮・德烈治（Marlene Dietrich, 1901-1992）
馬龍・白蘭度（Marlon Brando, 1924-2004）
海德格爾（Martin Heidegger, 1889-1976）
馬丁・馬吉拉（Martin Margiela）
馬瑪莎（Masha Ma）
馬蒂達（Matilde Urrutia）
布朗修（Maurice Blanchot）
馬斯・奧斯特維斯（Max Osterweis）
傅柯（Michel Foucault, 1926-1984）
巴赫金（Mikhail Bakhtin, 1895-1975）
米蘭・昆德拉（Milan Kundera）
南西・斯龐根（Nancy Spungen, 1958-1978）
維爾尼克（Natalia Wiernik）
奧克塔維奧・帕斯（Octavio Paz, 1914-1998）
奧利佛・史賓沙（Oliver Spencer）
奧拉・凱利（Orla Kiely ）
王爾德（Oscar Wilde, 1854-1900）
奧托・艾舍（Otl Aicher. 1922-1991）
聶魯達（Pablo Neruda, 1904-1973）
柏德烈・摩爾（Patrick Mohr）
佩蒂・史密斯（Patti Smith）
保羅・福爾（Paul Fort，1872-1960）
高更（Paul Gauguin, 1848-1903）
保羅・克利（Paul Klee, 1879-1940）
保羅・波烈（Paul Poiret, 1879-1944）
保羅・史密斯（Paul Smith）
雪萊（Percy Bysshe Shelley, 1792-1822）
皮翠拉・瑞沃莉（Pietra Rivoli）
拉夫・西蒙（Raf Simons）
拉斐爾（Raffaello Sanzio, 1483-1520）
里爾克（Rainer Rilke, 1875-1926）
雷內・馬格利特（Rene Magritte, 1898-1967）
尼克遜（Richard Milhous Nixon, 1913-1994）
羅蘭・巴特（Roland Barthes, 1915-1980）
達利（Salvador Dalí, 1904-1989）
莎拉・伯恩哈特（Sarah Bernhardt, 1844-1923）
莎拉・伯頓（Sarah Burton）
席德・維瑟斯（Sid Vicious, 1957-1979）

喬治・桑（George Sand, 1804-1876）
秀拉（Georges Seurat, 1859-1891）
歐姬芙（Georgia O'Keeffe , 1887-1986）
歌楚・史坦（Gertrude Stein, 1874-1946）
德勒茲（Gilles Deleuze, 1925-1995）
喬治・亞曼尼（Giorgio Armani ）
赫迪・斯萊曼（Hedi Slimane）
海迪・安迪森（Heidi Andreasen）
西蘇（Hélène Cixous）
赫爾穆特・紐頓（Helmut Newton, 1920-2004）
亨利克・維斯科夫（Henrik Vibskov）
赫曼・赫賽（Hermann Hesse, 1877-1962）
侯賽因・卡拉揚（Hussein Chalayan）
皮塔勒夫（Ilya Pitalev）
艾莉絲・荷本（Iris Van Herpen）
依莎多拉・鄧肯（Isadora Duncan, 1878-1927）
德里達（Jacques Derrida, 1930-2004）
拉岡（Jacques Lacan, 1901-1981）
詹姆斯・吉爾雷（Jame Gillray, 1757-1815）
詹姆士・迪恩（James Dean, 1931-1955）
黃薇（Jamie Wei Huang）
珍妮絲・賈普林（Janis Joplin, 1943-1970）
弗拉戈納爾（Jean-Honoré Fragonard, 1732-1806）
尚・米榭・巴斯奇亞（Jean-Michel Basquiat, 1960-1988）
尚・保羅・高堤耶（Jean Paul Gaultier）
尚・保羅・瑪塞（Jean Paul Masse）／尚・保羅・瑪塞・德魯甚（Jean Paul Masse de Rouch）
茱迪・佛斯特（Jodie Foster）
約翰尼斯・霍費爾（Johannes Hofer，1669-1752）
約翰・艾倫（John Allen）
約翰・伯格（John Berger）
約翰・艾佛雷特・米萊（John Everett Millais, 1829-1896）
約翰・甘迺迪（John F. Kennedy, 1917-1963）
約翰・加利亞諾（John Galiano）
濟慈（John Keats, 1795-1821）
約翰・高伯瑞（John Kenneth Galbraith, 1908-2006）
約翰・藍儂（John Lennon, 1940-1980）
強尼・羅頓（Johnny Rotten）
J.W. 安德遜（Jonathan William Anderson）
博爾赫斯（Jorge Luis Borges, 1899-1986）
克莉斯蒂娃（Julia Kristeva）
高橋盾（Jun Takahashi）
卡爾・拉格斐（Karl Lagerfeld）
嘉芙蓮・漢納（Katharine Hamnett），
嘉芙蓮・協賓（Katharine Hepburn, 1907-2003）
凱斯・哈林（Keith Haring, 1958-1990)

翻譯對照表

人名

馬拉莫蒂（Achille Maramotti）
阿拉斯代爾・湯臣（Alasdair Thomson）
亞歷山大・麥昆（Alexander McQueen, 1161-2010）
王大仁（Alexander Wang）
艾倫・金斯堡（Allen Ginsberg, 1926-1997）
布盧默（Amelia Bloomer, 1818-1894）
安德烈・庫雷熱（André Courrèges）
安迪・沃荷（Andy Warhol, 1928-1987）
安祖蓮娜・祖莉（Angelina Jolie）
安・迪穆拉米斯特（Ann Demeulemeester）
貝雷塔（Anne Marie Beretta）
安妮・萊柏維茲（Annie Leibovitz）
安東尼・鶴健士（Anthony Hopkins）
安東尼奧・馬拉斯（Antonio Marras）
蘭波（Arthur Rimbaud, 1854-1891）
翁山素姬（Aung San Suu Kyi）
伯尼・波士頓（Bernie Boston, 1933-2008）
曼寧（Bradley Manning
卡洛斯・馬丁內斯（Carlos Martinez）
波德萊爾（Charles Baudelaire, 1821-1867）
C・F・沃斯（Charles Frederick Worth, 1825-1895）
波坦斯基（Christian Boltanski）
克里斯汀・迪奧（Christian Dior, 1905-1957）
克里斯汀・萬諾斯（Christian Wijnants）
克里斯多佛・貝利（Christopher Bailey）
克里斯多佛・肯恩（Christopher Kane ）
康布勒朗（Churchill C. Cambreleng）
克勞德・夏農（Claude Shannon, 1916-2001）
格力・堅（Craig Green ）
克里斯托巴爾・巴倫西亞加（Cristóbal Balenciaga, 1895-1972）
酒神戴歐尼修斯（Dionysus）
梅尼科・多爾奇（Domenico Dolce）
愛倫・坡（Edgar Allan Poe, 1809-1849）
斯諾登（Edward Snowden）
愛德華・索普（Edward Thorp）
愛德華8世（Edward VIII）
席勒（Egon Schiele, 1890-1918）
艾爾莎・夏帕瑞麗（Elsa Schiaparelli, 1890–1973）
彭比里奧（Elvis Pompilio）
艾瑞克・霍布斯邦（Eric Hobsbawn, 1917-2012）
艾瑞克・薩提（Erik Satie, 1866-1925）
瓜塔里（Félix Guattari, 1930–1992）
弗蘭科・莫斯奇諾（Franco Moschino, 1950-1994）
詹明信（Fredric Jameson）
加西亞・洛爾迦（Garcia Lorca, 1898-1936）
傑妮維芙・貝爾（Genevieve Bell）
齊美爾（Georg Simmel, 1858-1918）

新美學39　PH0169

新銳文創
INDEPENDENT & UNIQUE

浮世物哀
——時尚與多向度身體

作　者	方太初
責任編輯	鄭伊庭
圖文排版	賴英珍
封面設計	蔡瑋筠

出版策劃	新銳文創
發 行 人	宋政坤
法律顧問	毛國樑　律師
製作發行	秀威資訊科技股份有限公司 114 台北市內湖區瑞光路76巷65號1樓 電話：+886-2-2796-3638　傳真：+886-2-2796-1377 服務信箱：service@showwe.com.tw http://www.showwe.com.tw
郵政劃撥	19563868　戶名：秀威資訊科技股份有限公司
展售門市	國家書店【松江門市】 104 台北市中山區松江路209號1樓 電話：+886-2-2518-0207　傳真：+886-2-2518-0778
網路訂購	秀威網路書店：http://www.bodbooks.com.tw 國家網路書店：http://www.govbooks.com.tw

出版日期	2016年1月　BOD一版
定　價	360元

Printed in Taiwan

國家圖書館出版品預行編目

浮世物哀：時尚與多向度身體 / 方太初著. -- 一版. -- 臺北市：新銳文創, 2016.01
面； 公分. -- (新美學)
BOD版
ISBN 978-986-5716-69-1(平裝)

1. 時尚 2. 文化評論 3. 文集

541.8507 104026080

讀者回函卡

感謝您購買本書，為提升服務品質，請填妥以下資料，將讀者回函卡直接寄回或傳真本公司，收到您的寶貴意見後，我們會收藏記錄及檢討，謝謝！如您需要了解本公司最新出版書目、購書優惠或企劃活動，歡迎您上網查詢或下載相關資料：http:// www.showwe.com.tw

您購買的書名：________________

出生日期：________年________月________日

學歷：□高中（含）以下　□大專　□研究所（含）以上

職業：□製造業　□金融業　□資訊業　□軍警　□傳播業　□自由業

□服務業　□公務員　□教職　□學生　□家管　□其它____

購書地點：□網路書店　□實體書店　□書展　□郵購　□贈閱　□其他

您從何得知本書的消息？

□網路書店　□實體書店　□網路搜尋　□電子報　□書訊　□雜誌

□傳播媒體　□親友推薦　□網站推薦　□部落格　□其他________

您對本書的評價：（請填代號　1.非常滿意　2.滿意　3.尚可　4.再改進）

封面設計____　版面編排____　內容____　文／譯筆____　價格____

讀完書後您覺得：

□很有收穫　□有收穫　□收穫不多　□沒收穫

對我們的建議：________________

____

____

____

請貼
郵票

11466
台北市內湖區瑞光路 76 巷 65 號 1 樓

秀威資訊科技股份有限公司　收

BOD 數位出版事業部

（請沿線對折寄回，謝謝！）

姓　名：________________　年齡：________　性別：□女　□男

郵遞區號：□□□□□

地　址：________________________________

聯絡電話：(日) ________________ (夜) ________________

E-mail：________________________________